"인간의 도덕성과 의무에 대해
내가 배운 모든 것은
축구로부터 나왔다."
_ 알베르 카뮈

"품위 있는 경기의
모든 장점을 인정하고
높이 평가하지만
축구팬은 싫다."
_ 움베르토 에코

Socrate en crampons
by Mathias Roux

This Korean Edition is published by Cobook in 2010
by arrangement with editions Flammarion, France
through Milkwood Agency, Korea.

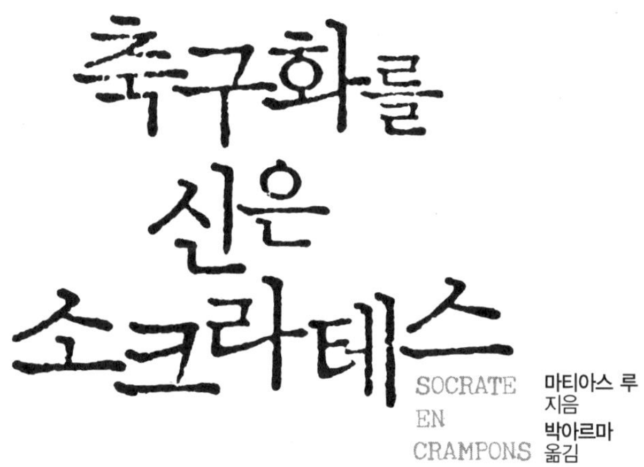

SOCRATE
EN
CRAMPONS

마티아스 루 지음
박아르마 옮김

함께읽는책

Pour Antoine Roux,
d'une pierre deux coups.

| 일러두기 |

1. 저자가 인용한 책이 국내에서 출판된 경우에는 그 제목을 넣었습니다.
2. 옮긴이의 설명글은 ( ) 안에 넣고 본문보다 작게 처리했습니다.
3. 단행본과 전집류는 《 》 안에, 논문 · 기고문 · 단편 · 미술 등은 〈 〉 안에 넣었습니다.

철학에 입문하기 위해 놀이를 이용하기

> **고등학교 : 1)고대의 학교에서는 도덕과 철학에 관하여 이야기했다. 2) 현대의 학교에서는 축구에 관하여 토론한다. 앰브로즈 비어스**(1842~1914, 미국의 저널리스트이자 소설가) **《악마의 위트 사전》**

축구처럼 하찮은 활동이 철학과 어떤 관련이 있을까? 언뜻 보기에 하찮게 느껴지는 놀이와 위압적이고 장대한 성격의 철학적 활동은 전혀 별개로 보인다. 본래 무언가를 가지고 논다는 것은 진지한 활동에 몰두하지 않음을 의미한다.

'놀이'라는 말은 익살스러운 행동과 아주 쉬운 일을 의미하는 라틴어 'jocus'에서 유래하였다. 놀이는 여가, 그리고 유용성이나 생산적인 목적을 직접적으로 추구하지 않는 모든 것과 흡사하다. 우리는 일반적으로 일을 하고 난 다음이나 하지 않을 때, 업무를 완수하였거나 매우 엄중한 임무에 눌려 있다가 풀려나게 되었을 때 놀이에 빠져든다.

축구가 스포츠이기도 하다는 사실은 놀이의 그와 같은 특징을 분명히 보여 준다. '스포츠sport'라는 단어는 즐거움과 기분 전환을 의미하는 'desport'라는 고대 불어에 기원을 두고 있다. 따라서 우리는 이런저런 구실로 축구가 느닷없이 '철학하기'를 분명히 도와준다는 주장을 잘 받아들이지 못한다. 그렇지만 철학자들을 경계하기로 하자. 왜냐하면 그들은 무가치함의 진흙탕 속에서 개념의 황금을 얻는 데 있어 견줄 데가 없는 사람들이기 때문이다. 파르메니데스(고대 그리스의 철학자이며 제논의 스승)에게 자극을 받은 소크라테스도 보잘 것 없는 것을 이데아의 수준으로 끌어올리는 어떠한 일에도 진정으로 반대하지 않음을 인정하지 않았던가? 오래전부터 철학자들은 테렌티우스(고대 로마의 희극작가이자 시인)의 저 유명한 경구를 자신의 것으로 생각했다.

"나는 인간이다. 인간에 관한 일이라면, 무엇이든 남의 일로는 여기지 않는다"(테렌티우스의 희곡 〈고행자〉의 한 구절).

축구에까지 이런 말을 쓸 수 있을까? 다른 것도 아니고 축구에 대해서 말이다! 축구의 한계는 즐거움이나 기분전환이라는 단순한 목적을 훨씬 뛰어넘는다. 1960년대 리버풀의 전설적 감독인 빌 샹클리(1913~1981, 스코틀랜드 출신의 축구 선수이자 리버풀의 감독)는 언젠가 축구에 관해 단호히 정의했다.

"축구에 관해 이야기할 때 어떤 사람들은 경기 결과가 삶과 죽음의 문제라고 말한다. 그들이 잘못 생각한 것이다. 축구는 삶과 죽음의 문제 그 이상이다."

그러나 무엇보다 스포츠의 유희적 성격을 고려한다면, 스포츠는 비할 데 없는 철학의 원형을 이루고 있다. 놀이로서의 일반적인 스포츠는, 특히 축구는 분명한 양면성을 지닌 현실의 영역을 생각하게 만든다. 그러한 영역의 불분명한 윤곽은 은연중 우리의 개념적 분류를 혼란스럽게 만들고, 우리로 하여금 그 문제에 관해 자문하게 만든다. 로제 카이와(1913~1978, 프랑스의 문학 평론가)는 그의 책《놀이와 인간》에서 유희를 정의할 때 필요한 6가지 특징을 열거했다. 유희는 구속 받지 않는 '자유로운' 활동으로, 공간과 시간 속에서 제한을 받는 일상생활과는 '별개의' 것이다. 그 활동의 결과는 필연적으로 '불확실' 하다. 또한 그 활동은 그 자체로서는 비생산적이다. 왜냐하면 그것은 어떤 경제적 가치도 만들어 내지 않기 때문이다. 결국 그것은 '규칙이 있고(규정이나 특별한 법칙을 따르고)' 동시에 '허구적' 이다(흔히 "그건 놀이일 뿐이야"라고 말한다는 점에서 그렇다). 그런데 모든 놀이처럼 축구는 다소 상반된 방식으로 그러한 속성을 결합시킨다. 다음과 같은 문제를 생각해 보자.

- 축구는 단지 오락이다. 그러나 응원하는 팀이 시합에서 지는 날이면 텔레비전을 창밖으로 던져 버리기도 하고, 더 심한 경우는 분노에 사로잡힌 서포터즈들이 서로를 해코지하는 일이 발생하기도 한다.
- 축구는 종종 민족 간의 화해를 이루고 형제애를 느낄 수 있는 상황을 만들어 낸다. 1998년 미국과 이란의 만남을 생각해 보라(1998년 프랑스 월드컵에서 미국과 이란은 같은 조에 편성되었다). 그러나 1969년 7월, 온두라스와 엘살바도르 사이의 전쟁에서처럼 분쟁

의 원인이 되기도 한다(1969년 7월 축구 경기가 계기가 되어 엘살바도르와 온두라스 사이에 전쟁이 촉발되었다).

- 처음에 축구는 아무런 대가나 이해관계 없이 시작되었지만 현재 그 경제적 가치는 상상을 초월한다.
- 축구는 냉철한 분석과 이성적 판단을 요구하는 만큼 뜨거운 열정을 불러일으키기도 한다.
- 축구는 신체를 사용하는 것에 가치를 두지만 무엇보다도 '머리를' 써야만 한다.
- 축구는 진정으로 보편적인 언어만을 사용한다. 그러나 나라마다 서로 다른 해석을 만들어 내기도 한다.
- 축구 경기에서 모든 체계화된 활동과 마찬가지로 제한적인 규칙을 세우는 이유는 자유와 끊임없는 창의력을 증진하기 위함이다.
- 축구는 가장 아름다운 기사도 정신을 보여 주기도 하지만 가장 추악한 속임수를 만들기도 한다. 마라도나를 생각해 보자. 그는 1986년 멕시코 월드컵에서 영국과의 경기 중 고의적으로 손을 써서 골을 넣었고, 몇 분이 더 지나서는 상대 선수 모두를 사열하듯 따돌리더니 역사상 가장 화려한 골 중의 하나를 기록하였다.
- 축구 경기는 사람들을 협력하게도 경쟁하게도 한다.
- 축구는 보기 싫은 것을 아름답게 만들기도 한다. 브라질의 전설적인 축구 선수 가린샤는 허약한 신체에 다리가 굽었다.(그는 소아마비와 지적장애를 딛고 1962년 칠레 월드컵에서 브라질을 우승으로 이끌었다.) 반면 축구는 오늘날 리베리를 어려움에 빠트리기도 한다.(프

랑스의 축구 선수 리베리가 유명세 탓에 곤혹을 치른 미성년자 성매매 스캔들을 의미하는 것 같다.)

- 축구를 비방하는 사람들은, 축구에는 사람을 미치게 만들고 바보로 만드는 요소가 있다고 말한다. 그러나 실상 여가 활동의 상품화가 축구의 특별한 목적 중 하나라고 해도, 경기장은 여전히 스포츠에 관한 자유주의 시장 논리에 저항하고 군중의 의사를 나타내는 공간이기도 하다.
- 따라서 축구는 불확실한 영역 속에서 생각해 볼 수 있는 탁월한 가능성을 우리에게 부여한다. 그 영역 속에서 우리의 통상적인 분별의 기준은 흔들리며, 관례적인 차이는 그것들의 일상적 사용 때문에 명백한 특성을 잃어버린다. 그 영역은 보통 자명한 것의 일상적 흐름을 막고 기존의 기준을 불분명하게 만들기 때문에, 유희는 철학을 끌어낸다.

'철학은 유희이다'

유희는 그 기원에서부터 '소크라테스의 아이러니'를 통해 철학과 관련되어 있다. '아이러니Ironie'는 생각과 반대되는 것을 주장함으로써 누군가를 빈정대는 방법이다. 이 용어는 그리스어 'eironeia'에서 유래하였으며 질문하는 행위를 의미한다. 그리하여 철학은 단번에 문제 제기와 유희가 된다.

유희라는 용어는 세 가지 의미를 지닌다. 첫째, 즐거움(아이러니는 상대를 웃음거리로 만드는 조롱으로써 작용한다). 둘째, 거짓 행동(소크라테스는 이해하지 못한 체했다). 셋째, 무사무욕無私無欲(질문은 본질적으로 지식을 찾아내려고 애쓰지 않으며 미리 정해진 목표 없이 우리의 무지를 자각시키려는 목적을 지닌다). 소크라테스는 스스로 모른 체하며 상대에게 질문을 하고 대답하게 함으로써 상대가 스스로의 무지를 드러내도록 만들었다. 그는 어리석은 체하며 상대방을 점잖게 농락하기 위해서 유희를 즐긴다. 소크라테스의 생기 넘치는 모습은 그 정도로, 유희의 영역과 철학적인 영역을 따로 떼어놓을 수 없을 정도로 문제 제기와 아이러니를 한데 섞어 놓는다. 요컨대 철학은 습관적인 사고와 결부되어 있지 않다. 유희가 존재의 통상적인 변화에서 벗어나 있듯이 말이다.

철학은 시선의 변화를 일으키며, 세상과 직접적으로 닿아 있는 우리와의 관계를 우회하도록 만든다. 우리는 유희에서와 마찬가지로 철학에서도 시간을 흘려보내게 하는 어떤 것, 실용적이거나 실제적인 기준을 잊음으로써 다른 곳으로 가게 만드는 어떤 것을 얻는다. 대부분의 경우 우리 행위의 동기를 부추기는 실용적인 기준들 말이다.

나는 파스칼의 위대한 천재성에 끊임없이 찬사를 보냈지만 그가 《팡세》에서 단호하게 말한 내용에 관해 반박하지 못할 것도 없다.

"이와 같이 인간은 너무나 불행하기 때문에 아무런 권태의 이유가 없을 때조차 그 기질의 본래 상태 때문에 권태에 빠질 것이다. 또 인간은 너무나 공허하기 때문에, 권태에 빠질 만한 무수히 중요한 이유들이 충만할 때조차 당구라든가 '공을 차는 것' (내가 강조하는 것이다) 같은 하찮은 일로 충분히 기분 전환을 하곤 한다."

파스칼은 '기분 전환' 이라는 제목이 붙은 장(139장)에서 여지없이 오락(기분 전환하는 것)을 정말로 심오한 상황에서 벗어나는 행위와 동일시함으로써 두 가지 의미를 서로 혼동한다. 이 책의 명백한 목적은 그 의미를 서로 떼어 놓는 데 있고, 축구가 기분 전환을 시키는 동시에 생각하게 만든다는 사실을 경험하게 하는 데 있다.

책을 읽을 때의 주의 사항

독자는 사전 주의 사항을 눈여겨봐야 한다. 우리는 이어지는 내용들에서 축구의 철학을 제시하려는 것이 아니다. 물론 이 책은 우리의 기억에 토대를 두고 축구라는 드라마의 정점을 보여 줄 것이다. 나는 2006년 독일 월드컵 결승전, 프랑스와 이탈리아의 경기를 분석의 길잡이로 선택했다. 이 경기는 다양한 측면에서 철학을 소개하는 방법을 실행에 옮기는 데 훌륭한 기회를 만들어 주었다. 오해를 피하기 위해, 이 책이 축구에 대한 옹호와 선양을 은밀하게 열망하고 있지 않음을 분명히 해두자. 이 책이 결코 사라지지 않는 어린 시절의 (축구에 대한) 열정에서 태어났을지라도, 축구를 그것이 실제 지니고 있는 것 이상으로 다루지는 않을 것이다. 니체가 말했듯이 "인간적인, 너무나 인간적인" 스포츠는 너무 지나친 찬사도 쏟아지는 모욕도 받을 필요가 없다. 최근에 언급된 것처럼 스포츠에는 미덕과 결함, 과잉과 지나침 등이 모두 나타난다. 최근 알제리와 이집트의 예선전에서 발생한 폭력(2009년 11월 14일과 16일 남아공 월드컵 예선에서 만난 두 팀 간의 충돌이 양국 간의 전쟁으로 비화될 뻔한 사건을 말한다)이나, 2009년 11월 18일 프랑스와 아일랜드의 경기에서 티에리 앙리가 속임수(앙리가 손으로 골을 넣은 사건을 말한다)를 쓴 것을 두고 벌어진 신랄한 논쟁이 그것을 증명해 주듯이 말이다. 따라서 이 책은 그리스 회의주의자들의 '에포케epoche'(그리스의 회의론자들이 '판단중지'의 의미로 사용한 용어이다. 모든 사건에는 저마다의 판단이 다르기 때문에 어느 누구도 일방적인 판단을 내릴 수 없다는 뜻이다)를 실천에 옮기려는 의도를 지닌다. 즉 판단을 멈추거나 도덕적 판단을 피하는 형식을 취함으로써 판단 없이 대상 그 자체에 관심을 둘 수 있게 한다는 것이다. 달리 말하면 축구에 관해 좀 더 편한 의견을 제시할 수 있게 된다는 뜻이다.

책 사용법

내 성찰은 경기장과, 엄밀하게 말해 시합에서 일어난 사건들의 제한된 범위를 넘어 다양한 사건들의 차원에 관심을 두고 있다. 즉 경기장, 환경, 서포터즈들, 선수들, 해설자들, 심판들, 그리고 텔레비전 시청자들, 그 밖에 문제가 되는 여러 인물들을 다룰 것이다. 각 장의 순서는 경기의 진행 순서를 따른다. 각 장은 시합이 벌어지는 경기장의 환경과 관련된 사실이나 관찰로부터 나온 이야기로 시작된다. 내 성찰은 그것에 토대를 두고 우리가 명백하다고 생각하는 것들에 관해 의문을 던지고 철학적 문제를 제기하는 것이다. 사실 각 장은 고등학교 3학년

교과목의 기초 지식에 관한 문제 제기 형식의 연습 문제와 유사하다. 실제 바칼로레아(프랑스의 대학 입학 자격시험)에서 다루는 주제들의 전개 방식과 비교해 보았을 때 말이다. 알다시피 바칼로레아의 주제는 대단히 구체적인 상황에 대한 관찰에서 나온 고찰과 그러한 고찰이 다루고 있는 전통적인 문제 제기 사이의 관계를 다룬다.

이 책은 독자가 어떤 선입관을 갖든 다음과 같은 목적에 토대를 두고 있다. 즉 이런 종류의 내용을 다룰 때 늘 일어나는 경우와 같이, 실상 '철학사를 소개하려는 것' 이 아닌 '철학을 소개하려는 것이다.' 좀 더 명확히 해 두자면, 책을 읽어 나가는 가운데 철학에 관해 장황하게 늘어놓으려 하거나 학설을 설명하고자 하는 것이 아니다. 이 책은 하나의 설명으로서 충분하다.

내가 이 책을 쓰게 된 동기 중 하나는 고등학교와 대학에서 소위 철학의 대중화와 입문 목적의 책을 읽고 느꼈던 실망감 때문이었다. 나는 철학의 문제점을 이해하는 데서 오는 어려움에 직면하였고, 어원에 있어서 교육적 계획에 부합하는, 대大학설에 나를 조금씩 접근할 수 있도록 해주는 책들을 찾기 시작했다('pédagogie', 즉 '교육자적 자질' 이라는 단어는, 어린아이의 손을 잡아 이끈다는 의미의 그리스어에 뿌리를 두고 있다). 나는 그 학설들 중 하나를 발견할 때마다 나 자신이 고유한 철학적 성찰의 수준에 조금씩 다다르고 있다는 생각에 사로잡혔다. 그러한 성찰의 가운데 나는 위대한 사상가들이 존재하고 있다는 사실과, 나 혼자서 그들의 저서와 맞닥뜨리기에는 그들의 사상에 대한 설명이 너무나 어렵다는 사실을 알게 되었다. 그 책들에 대한 나의 기대는 엄청나게 컸고, 특히 한 저자에게 끝없는 감사를 드리는 바이다. 기꺼이 자신의 '지식의 올림푸스 산'에서 다시 내려와 타인들에게, 자신과 더불어 그곳으로 다시 올라갈 방법을 알려 준 저자에게 말이다. 나는 그 책에서 몇몇 장들 다음에 오는 어떤 장들이 독자와 암암리에 이루어진 독서 협약을 깨트리고 있음을 확인하고서 늘 얼마나 실망했는지 모른다. 그 장에서 저자는 경험을 직접적으로 묻는 방식을 포기하고 '위대한 사상가들'의 진술 속으로 도피해 버리곤 했다. 나는 문제가 제기된 매우 구체적인 방식에 대해, 또한 철학자들의 학설과 체계가 그 문제들에 접근하기 위해 어떤 해결책을 제시했는지에 대해 정확하게 이해하고 싶었는데 말이다. 나는 여러 작품들을 제대로 다루지 못한 나머지 그것들에 활력을 불어넣는 문제에 대해서는 생각도 못했고, 그 책들이 내게 오랫동안 의미 없는 말로 남을 것임을 알고 있었다. 특히 철학의 오로지 역사적인 접근이 만들어 낸 개념의 자의성이나 무상無常의 감정 때문에 그러하다. 또한 저자가 문제점을 찾아내지 못한 채 어김없이 반대 의견을 말했을지 모른다는 실망스러운 생각을 하게 된다!

그래서 나는 독자를 안내하고자 하는 열망에서 경험의 출발점과 철학의 도착점 사이의 연속성을 유지하기 위해 가능한 한 애를 썼다. 독자 자신이, 철학이 우선적으로 만들어 낸 시선의 점진적 전환의 당사자가 될 수 있도록 말이다. 그런 이유에서, 간섭하게 되고 점진적인 설명을 어렵게 만들 위험이 있는 모든 것을 피할 필요가 있었다. 저자들과 그들의 학설에 대해 불가피하게 너무 성급하고 훼손된 기준을 적용하는 일 말이다. 또한 이 같은 선택은 문제의 불확실한 해결책들 대신에 문제의 있을 수 있는 새로운 전개와 표명을 중시하게 될 것이다.

나는 문제를 제기하기 위해 철학사에서 대단히 폭넓게 영감을 얻을 것이다. 그 문제들에 대해, 전문가들도 어렵지 않게 받아들이게 될 사상의 이런저런 전통을 떠오르게 하는 색채를 부여함으로써 말이다. 그러나 인용을 위한 인용의 호기심에서가 아니라면, 그런 문제를 단지 우연한 기회에 언급하려는 나의 호기심은 무엇이란 말인가?

차 례

서문 철학에 입문하기 위해 놀이를 이용하기
선수 소개

24
사회 + 정치, 그 모든 것 = 축구 *la société, la politique*
전반전 시작

34
인식 능력 *la perception*
전반 6분

46
자유 *la liberté*
전반 7분

60
타인 *autrui*
전반 13분

70
욕망 *le désir*
전반 19분

78
노동 *le travail*
전반 32분

88
의식과 주체 *la conscience et le sujet*
전반 40분

102
언어 *le langage*
하프타임

114
예술 *l'art*
후반 1분

124
진실 *la vérité*
후반 18분

134
시간 *le temps*
후반 35분

146
정의와 법 *la justice et le droit*
연장전 후반 2분

158
도덕과 의무 *la morale et le devoir*
연장전 후반 2분

170
종교 *la religion*
승부차기

180
권력 *le pouvoir*
승부차기

에필로그 I
에필로그 II 축구 초보자들을 위한 규칙 설명
옮긴이의 말
참고문헌

제18회 독일 월드컵 결승전은 2006년 7월 9일 베를린 올림픽 경기장에서 열렸다. 결승전에는 69,000명의 관중이 운집했고, 십 억 가까운 텔레비전 시청자들이 지켜보는 가운데 프랑스와 이탈리아가 맞붙었다. 90분간의 정규 시간이 지났지만 양 팀의 점수는 1:1 동점으로 승부가 나지 않았고, 이어진 연장전에서도 전·후반 30분 동안 골이 터지지 않았다. 두 팀은 승부차기를 했고, 이탈리아가 5:3으로 승리하면서 역대 네 번째 우승을 차지하였다.

이탈리아 선수 명단

1번 잔루이지 부폰
4번 데 로시
5번 파비오 칸나바로(주장)
19번 잔루카 잠브로타
23번 마르코 마테라치
21번 안드레아 피를로
20번 시모네 페로타
10번 프란체스코 토티
8번 젠나로 가투소
16번 마우로 카모라네시
3번 파비오 그로소
9번 루카 토니

벤치 멤버

12번 페루치 14번 아멜리아 6번 바르찰리 22번 오도 2번 차카르도 17번 바로네 18번 인차기 11번 질라르디노

감독

마르첼로 리피

프랑스 선수 명단

16번 파비앙 바르테즈

5번 윌리암 갈라스

19번 윌리 사뇰

15번 릴리앙 튀랑

3번 에릭 아비달

7번 플로랑 말루다

4번 파트리크 비에이라(18번 디아라)

10번 지네딘 지단(주장)

6번 클로드 마켈렐레

22번 프랑크 리베리(20번 트레제게)

12번 티에리 앙리(11번 윌토르)

*괄호 안은 교체 선수

벤치 멤버

23번 쿠페 1번 랑드로 2번 붐송 13번 실베스트르 21번 심봉다 17번 지베 8번 도라소 9번 고부

감독

레몽 도메네크

전반전

사회 + 정치,
그 모든 것 = 축구 *la société, la politique*

인식 능력 *la perception*

자유 *la liberté*

타인 *autrui*

욕망 *le désir*

노동 *le travail*

의식과 주체 *la conscience et le sujet*

001 사회+정치, 그 모든 것=축구 *la société, la politique*

전반전 시작

> "공화국이라 불리는 국가에서 모든 사람들이 조용히 있는 것을 보게 될 때마다 그곳에는 자유가 없음을 확신할 수 있다." 몽테스키외 《로마인의 흥망성쇠 원인론》

제18회 월드컵 결승전 킥오프가 임박했다. 수천 명의 관중들은 곧장 경기장으로 몰려들었고 관중석에 옹기종기 모여 앉았다. 앉을 자리는 물론 보조 의자 하나도 남아 있지 않았다. 축구장에 모인 사람들 모두 극도의 흥분 상태였다. 서포터즈들은 직접 경기라도 뛸 듯한 기세였다. 어떤 관중들은 전광판에 게시된 출전 선수 명단을 또박또박 읽어 내려가며 경기에 집중하려 했다. 또 다른 관중들은 경기장을 눈으로 샅샅이 훑으며 온갖 색채의 플래카드와 깃발이 형형색색으로 물결치는 모습을 바라보았다. 관중들에게 이러한 광경이 낯선 것은 아니지만 자신들처럼 긴장하고 있는 엄

청난 수의 사람들이 한꺼번에 운집한 장면을 지켜보는 것은 경이로운 경험이었다. 그들은 먹이를 노리듯 선수들이 도착하기를 안절부절못하며 기다리고 있었다.

운집한 군중은 초인적인 에너지를 내뿜으며 사람을 흥분시키고 긴장시킨다. 경기장은 고리 모양으로 되어 있는데, 그토록 많은 사람들을 거울 속에 비추어 보는 듯한 경험은 더 큰 동요를 불러일으킨다. 잘 생각해 보면 매우 엄밀한 의미에서 집단을 인식할 수 있는 기회는 상당히 드물다. 말하자면 축구 경기장은 시위에 참가하는 것처럼 공동체에 대한 소속감을 육체적으로 느낄 기회를 부여해 주는 것이다.

7월의 무더운 저녁, 사람들은 베를린 경기장에서 만나기로 약속한다. 선수들이 대기실 통로를 지나 경기장 입구에 나타나면 우선 관중들이 아우성칠 것이고, 다음으로 지구 곳곳에 있는 텔레비전 시청자들이 고함을 지를 것이다. 경기장은 말로 표현하기 힘든 매력을 지니고 있으며 마치 쉴 새 없이 움직이는 커다란 짐승과도 같이 흥분과 기쁨을 드러낸다. 적어도 일생에 한 번쯤은 이런 경기장에 들러야 하지 않겠는가.

경기장은 일상의 사회생활로부터 단절과 연속성이라는 양립된 관계로 존재한다. 이 같은 이유 때문에 경기장은 아주 특별한 철학적 관심을 불러일으킨다. 우선 경기장에 간다는 것은 노동력을 행사하는 것과는 다른 '시간의 사회적 행사'를 의미한다. 즉 사회 전체가 축제와 카니발에 대해 생각하는 순간과 비견할 만한 시간의 사회적 행사이다. 통상적인 사회 질서를 위반하며 이루어지는 집단 시위에서처럼 우리는 하나의 역할을 떠맡게 되며 자신과 다른 역할하기를 주저하지 않는다.

각자의 소속과 편견에 따라 맡은 배역을 연기하는데, 서포터즈는 자신이 응원하는 팀 선수와 같은 유니폼을 걸쳐 입고 누가 시키지 않아도 과장되게 감정을 드러내는 말과 행동을 한다. 또한 우리는 경기와 자기 자신에 대해 주연인 동시에 관객이 되는 군중들의 기이한 입장을 발견하게 된다. 즉 그들은 보는 것만이 아닌 보여 주기 위해서, 감정을 드러낼 뿐만 아니라 자신을 드러내기 위해서 온 것이다. 아니, 사실을 말하자면 경기 참가자들은 일상의 자기 존재와는 다르게 주저하지 않고 자신의 소속을 정한다. 친구인지 적인지, 엄격한 구별에 따라서 말이다.

일단 경기가 끝나고 나면 그들은 서로 간의 대립쯤 하찮은 것으로 여긴다. 크든 작든 그들이 갖게 된 편견과 집단적 흥분, 그리고 타인과의 육체적 친밀감 때문에 생긴 개인적인 열의는 일상과는 달리 (사회에서) 주변적이거나 그와는 동떨어져 있는 아주 특수한 사회성을 만들어 낸다. 예를 들면, 사람들은 마치 이미 그 사람을 알고 있었다는 듯이 자신의 옆 사람에게 말을 건네는 것이다. 또한 서로에게 욕설을 내뱉기도 하고, 목청을 돋우어 모르는 사람들에게 경기에 관해 떠들어 대기도 하며, 알지도 못하는 사람을 끌어안기도 한다. 일반적으로 경기장에 가는 것은 습관과 관례 혹은, 이 용어가 남용되고 있지 않다면 흔히 '문화' 라고 망설이지 않고 규정하는 특유한 관습이라고 말할 수 있다. 어쨌든 모든 사회 집단에서 이루어지는 개인적인 참여의 의미를 알기 위해서는 최고의 상징적 가치를 지닌 행동을 해독하는 데 필수불가결한 암호에 관한 지식이 필요하다. 저마다의 역할에 따라 스스로를 연출하거나 과장하는 행동에 관한 지식 말이다.

어쨌든, 흔히 부정적인 수많은 요소들을 고려해 보면 축구 경기장은 일반적인 사회 계층의 연장선상에 놓여 있다. 사회적 불평등의 증가는 일찍이 여러 사회 계층을 뒤섞어 놓은 경기장에서까지 느껴질 정도다. 즉, 이제 수많은 경기장들은 관중을 두 부류로 구분하는 방식으로 지어진다. 수입을 최적화하기 위한 VIP석 혹은 고소득자들을 위한 경기장 하단석과 서민 계층을 위한 상단석이 그것이다. 스포츠 분야에서 증가하는 상업적 논리의 영향력은 경기장을 점차 테마파크, 이른바 소비 공간으로 만들어 버린다. 게다가 '과격한' 서포터즈들 중 가장 공격적인 집단을 이성적으로 비난하자면, 경기장에서 일어나는 폭력의 일상화 역시 일반적으로 시민 사회에서 보게 되는 폭력의 일상화와 동일한 것임을 인정할 필요가 있다. 학교에서 일어나는 문제들이 '학교 자체의' 문제가 아닌 것처럼, 경기장은 자기 내부에서 뜻하지 않게 일어나는 폭력을 스스로가 내생內生하는 방식으로 만들어 내는 폭력 이상으로 어쩔 수 없이 받아들인다. 흔히 말하듯이, "흥분한 사람 한 두 명이면 충분한 것이다." 5만 명의 주민이 사는 도시와 맞먹는 경기장에서 폭동을 선동하는 상당수의 사람들을 보게 되는 건 그리 놀라운 일이 아니다. 그들은 아무리 소수라고 해도 언제든, 충분히 공공질서를 혼란에 빠트릴 수 있다.

그렇다면 다른 사회와 비교했을 때 경기장을 어떻게 생각해야 하는가, 경기장은 사회의 축소판이거나 은유인가? 그런 경우 폭력은 외생外生한다.

"원시 유목민은 어떤 인간 집합체로부터도 구성될 수 있다. 우리는 군중의 형성이 통상적으로 사람들에게 영향을 미치는 범위 내에서, 그 내부에서 원시 유목민의 지속성을 발견하게 된다." 프로이트 《집단심리학과 자아분석》

그렇지 않으면 경기장은 반대로 다른 큰 도시 주변에 있는 더 큰 세계의 축소판이다. 외부 세계와 단절되어 있고 스스로의 폭력성을 드러내는 원형 경기장의 이미지가 암시하듯이 말이다. 이 같은 질문은 우리에게 사회의 개념에 대해 묻도록 요구한다.

"한 쌍이 된다는 것은 혼자 있을 때는 결코 일어나지 않을 문제를 둘이서 해결하려고 노력한다는 의미이다."

이 말에 대해 생각해 보면, 해학가의 이와 같은 확신은 또 다른 집단적 상황에도 아주 잘 적용될 수 있다. 사실 경기장은 개개인이 혼자였다면 감히 저지르지 못할 과격한 행동을 수월하게 할 수 있도록 만들어 준다. 울타리로 둘러싸인 닫힌 외관과 극도로 흥분된 분위기, 여러 사람들이 불러일으키는 힘 등은 개인들로 하여금 일상의 예의범절을 위반하도록 부추긴다. 기괴한 옷차림에서부터 공격적 행동에 이르기까지, 관중들은 불법 행위를 선동하고 자신들의 행동을 정당화시킨다. 일상의 자기 검열을 일순간에 무력화시키는 그런 행동 말이다. 이와 같은 견해는 두 가지로 해석될 수 있다. 축구를 비난하는 사람들의 해석에 따르면, 축구장에서 질서를 위반하는 분위기는 집단화한 관중들이 광적인 군중을 형성하면 사회 이전 상태로 퇴보한다는 사실을 보여 준다. 야만의 무리와 부족 생활을 하는 떼거리들 사이 어디엔가 놓여 있는 그런 상태 말이다. 경기장은 형태 모를 집단의 형성을 용이하게 만든다. 그 집단 속에서 개인성은 하나로 모이고 유일한 '집단적 개인(군중)'을 위해 자기 자신으로서는 존재하지 않고 사라진다. 군중은 본능과 동물적인 열정에 이끌리는 집단이다.

반면 이와는 상반되는 해석이 있을 수 있다. 즉 경기장은 그것이 지니고 있는 격렬함 그 자체 때문에 사회에서 살아간다는 것이 무엇을 의미하는지를 드러낸다는 것이다. 경기장은 분화되지 않은 군중들의 용광로에 인간 사회를 용해시키는 것과는 거리가 멀며, 그것을 증대시킴으로써 각 개인 안에 내재적으로 존재하는 사회적 몫을 드러나게 만든다는 것이다. 개인과 집단을 대립시키기 원하는 견해도 있을까? 아, 지금으로서는 경기장을 전적으로 사교의 장으로 인정하지도, 가치를 부여하지도 말자. 그 이유는 판단력을 상실한 소수의 과격분자들에게 미디어의 초점이 맞추어진 때문이다. 그들은 남성들의 문제를 훌리건들의 집단적 파괴주의로 해결할 수 있다고 믿고 있다.

그럼에도 '열성적 지지' 로 나타나는 명백한 공동체의 중요성은 경기장을 사회생활을 보여 주는 훌륭한 실험실로 만들었다. 왜냐하면 열성적 지지는, 집단이 그것을 구성하고 있는 개인들의 합산으로 환원될 수 없음을 내부적으로 확인시켜주기 때문이다. 또한 그것은 집단이란 고유한 실체이고 전체임을 의미한다. 전체의 고유한 특성은 애초에 집단에 참여하고 있는 개인들에 속한 것이 아니다. 이는 사회학의 창시자인 에밀 뒤르켐(1858~1917, 프랑스의 사회학자이며 《사회학연보》를 창간하여 사회학의 한 학파를 형성하였다)이

"행동하고, 생각하며, 느끼는 방식은 그러한 것들이 개인적 의식의 바깥에 존재하며, 강압적이고 강제적인 힘을 타고난다는 놀라운 특성을 보여 준다. 그 힘에 의해 그와 같은 방식은 자신이 원하든 원치 않든 개인에게 깊은 영향을 준다." 에밀 뒤르켐 《사회학적 방법론의 규칙》

"추상화된 것은 사회가 아니라 개인이다." 오귀스트 콩트 《실증정치체계》

주장한 사회적 사실에 대한 정의에도 부합한다. 달리 말하자면 '집단'은 개인의 단순한 '집합' 이 아니라는 것이다.

경기장의 경험은 개인과 사회의 고유한 관계, 즉 일상생활에서는 덜 밀접하기 때문에 느슨해 보이는 관계를 극도로 가깝게 만든다. 흔히 있을 법한 표현을 빌리자면, 사회는 실제로 혼자서 존재하는 개인에 비해 필연적으로 이차적이고 파생적이며 추상적인 현실이다. 그런데 실상 개인은 항상, 이미 공동체 속에 구속되어 있다. 사회학적 관점에 따르면 개인은 자율적이며, 자유롭고, 타인들로부터 떨어져 허위의 것으로 드러난다. 게다가 사회는 개인에 선재先在하며, 개인들 저마다는 그들이 다른 사람들과 만들어 가는 관계의 얽힘에서 비롯된 산물에 불과하다. 결국 개인들이 귀속된 그물망의 중심이 사회인 것이다. 우리 몸속에 있는 기관들이 존재하는 것이 아니라 단지 생명체의 중심에서 존속하는 것과 마찬가지이다. "하지만 근대 산업 사회의 특징인 개인주의의 확대를 어떻게 설명할 것인가?"라는 반박이 있을 수 있다. 또한 "사회생활이 개인의 존재를 결정짓는다면 오늘날 만연한 보편적 관심이라는 가치의 쇠락 혹은 이기주의의 확산과 같은 일들을 어떻게 설명할 것인가?"라는 물음도 있다.

뒤르켐은 개인에 대한 사회의 우위라는 원칙에 근거하여 그와 같은 현상을 설명한 것이 분명하지만 언뜻 보면 그러한 원칙은 다음과 같은 사실에 의해 부인되고 있는 것 같다. 즉 개인주의는 산업화와 기술 발전이 초래한 사회적 직업의 분화에 따른 (원인이 아니라) 결과라는 것이다. 그래서 개인주의는 직무의 개별화에 토대를 둔 소위 '유기적인'

연대의 행태를 요구하고 있다. 결국 개인주의는 개인적인 정신의 어떤 경향이 아닌 사회 현상으로서 우선적으로 고려되어야 할 것이다. 그렇기 때문에 서포터즈들의 행동은 더도 덜도 아닌 '실제' 세계 안에서 설명된다. 즉 그들의 개인적 차원을 배제하고 그들이 형성하는 사회의 유형에 직접 관심을 가짐으로써 말이다.

그와 같은 지적은 경기장이 사회의 주변이 아닌 사회의 연장선상에 위치한다는 사실을 단언하기에 충분한가? 결국 동물계에서 인류는 영속적인 생존의 절대적 필요성 때문에 개인보다 우월하다. 그런데 무엇이 인간의 이와 같은 소우주를 동물 사회와 근본적으로 구별 짓게 만드는가?

난폭한 군중과 인간적인 사교성 사이의 차이를 단번에 밝혀 보기로 하자. 경기장에서 폭력성(비방하는 플래카드, 조롱하는 노래, 상스러운 행동 등)은 행동이 아니라 몸짓과 표정으로 나타나고 표현된다. 그런 의미에서 경기장은 완전한 사회적 장소이다. 왜냐하면 스포츠 경기는 일종의 성찰을 나타내며 그러한 성찰을 통해 갈등이 표현될 수 있고 어떤 의미에서 갈등이 배출되기 때문이다. 축구라는 경기에 감추어져 있는 호전성은 겉으로 드러나지 않으며, 그 눈가림 속에서 갈등이 '나타난다.' 지역적, 민족적, 역사적 경쟁은 우리가 각각의 '역할'을 통해 대단히 폭넓게 경험한 자기 정체성의 소속에서 비롯되었다.

상징적 폭력성은 흔히 악취미로써 아무도 해치지 않는 사회적 유희이다. 그 폭력성은 우리의 사회생활이 그 내부에서 일어나는 이해관계의 상충 때문에 나타나는 온갖 종류의(사회적, 이념적, 경제적, 상징적) 충돌에 의해 언제든지 혼란에 빠져들 수 있음을 상기시킨다. 칸트는 외면의 허울뿐인 예의가 근본적으로 갈등의 현실을 숨기지 못한다는 것을 보여 주기 위해 '반사회적 사회성'에 대해 주저하지 않고 말한다. 이처럼 사회는 갈등을 억누름으로써가 아닌 완고한 표현을 용이하게 함으로써 예의 바르게 되는 것이다.

울타리처럼 둘러싸인 운동 경기장은 카타르시스를 배출하는 역할을 한다. 즉 경기 상황에 참여하는 관중들은 폭력을 일정한 규칙에 따라 흉내 내면서 그러한 폭력을 순화시킬 수 있게 된다. 열성적 지지라는 의례는 육체적 공격성을 문화적 형태로 변형시키고 배출하는 과정과 흡사하다. 즉 놀이와 아이러니, 유머 등의 본질적인 면이 드러나는 문화적 형태로 말이다. 따라서 운동장에서 벌어지는 실제 시합과 간혹 '스탠드의 시합' 이라고 부르는 것 사이에는 연속성이 나타난다. 운동장에서 경기의 규칙은 사람들의 대결을 지배한다. 가상의 적은 경쟁의 틀 속에서 경쟁자가 된다. 경쟁은 거칠지라도 적을 육체적으로 상하게 하지 않아야 한다는 규칙에 따라 엄격하게 제한된다.

스탠드 혹은 경기장에서 보는 최초의 관점은 뒤바뀌게 된다. 즉 군중은 뒤처진 개인들의 집합체와 더 이상 같지 않다. 여러 견지에서, 또한 어리석은 소수보다는 차라리 다수를 평가한다는 조건에서 보면, 경기장에 간다는 것은 사회화를 실현하는 일이기도 하다. 논의를 좀 더 확대시켜 보자면, 스포츠라는 이벤트는 사람들의 경쟁을 완화된 연출로 보이도록 만들어졌기 때문에 '정치' 사회를 은유하고 있다. 여기서 우리가, 그리스인들이 그들의 도시국가에 대해 언급하면서 이미 고려했을 것에 대해 이해했다면 말이다. 즉 다양성 속에서의 단일성 혹은 '하나와 여럿을 동시에 만들어 가는' 기술 말이다.

002 인식 능력 la perception
전반 6분

> "그 자체로 축소된 감각은 외부의 대상에 닿지 못한다. 만일 그 감각을 해석하지 못했다면, 감각은 아무것과도 관련이 없을 것이다." 쥘 라뇨 《저명한 강의와 단편들》

엄청난 함성이 울려 퍼졌다. 심판의 호각 소리가 울리자 두 팀의 선수들이 경기장으로 뛰어들었다. 경기 시작과 거의 동시에 파비오 칸나바로가 티에리 앙리와 충돌하였다. 두 선수는 일순간 운동장에 쓰러졌다. 정신을 잃은 프랑스 선수가 기력을 되찾을 수 있도록 트레이너들이 경기장으로 들어왔다. 이탈리아 선수들은 단번에 경기를 장악하고 강한 인상을 심어 주기 위해 눈에 띄게 노력했다. 선수들 간의 충돌은 반칙

은 아니지만 아주리 군단에 속한 근육질의 중앙 수비수는 반칙도 마다하지 않았다. 그 후로도 반칙은 계속되었다. 5분이 경과했을 때 잠브로타가 비에이라에게 거칠게 태클을 걸었다. 심판은 옐로우 카드를 꺼냈다. 만일 선수 저마다가 상대 선수와 충돌하여 신체적 지배력으로 상대를 제압하려 한다면 심판은 즉각 자신의 권한을 행사하여 경기를 통제하게 된다.

이탈리아 선수가 오프사이드를 범했다. 골키퍼 바르테즈는 페널티 구역 앞에서 자신이 직접 프리킥을 찼다. 그의 롱킥은 터치라인을 따라 이탈리아 진영 왼쪽에 혼자 있던 앙리의 머리를 겨냥했다. 앙리는 재치 있게 말루다가 뛰어가는 방향으로 공을 굴절시켰다. 말루다는 공을 잡아 골대를 향해 혼자 달려들었다. 수비 지역으로 돌아온 마테라치는 비스듬히 다가와 윙(날개) 쪽에서 오는 공의 경로를 차단하려 했지만 걷어내지 못했다. 그는 말루다의 다리를 걸어 넘어트렸다. 심판은 지체 없이 페널티 지역임을 경고했고, 경기장에 모인 사람들은 일순간 경악했다. 경기가 시작된 지 6분밖에 지나지 않았으니 말이다! 전통적으로 빗장 수비 대결이 펼쳐지는 결승전은 빈약한 득점만큼 볼거리도 없기 마련이다. 지금의 이 페널티가 경기의 운명을 결정지을 수도 있다.

양 팀 간의 공방전이 너무나 빨리 시작되어서 상황이 어떻게 진행되는지 알기 어려웠다. 내 주위에 있던 많은 사람들, 경기장 스크린에서 자기 모습을 찾거나 자신의 모습을 사진으로 찍는 관중들, 경기장에 늦게 들어온 사람들, 그 많은 사람들이 그 장면을 보지 못했다. 상대 진영의 반대 위치에 있던 튀랑과 갈라스는 자기 위치로 돌아가려고 공에서 시선을 떼었기 때문에 그들 역시 모든 장면을 놓쳤다.

이탈리아 선수들은 마테라치를 필두로 강하게 항의했다. 텔레비전 앞에서와 마찬가지로 경기장에서도 의견은 다양하게 갈렸다. 각 진영은 분명히 상황을 다르게 보았다. 어떤 사람들은 마테라치가 말루다를 의도적으로 들이받았다고 말했다. 마테라치의 수비가 늦었고 그 사실을 알았지만 말루다를 막을 방법이 없었다는 것이다. 파울은 논란의 여지가 없었다. 또 다른 사람들은 음모라고 비난했다. 그 같은 접촉은 분명 규정에 어긋나지 않고 수비수는 파울 의도가 없었으며 말루다를 살짝 건드린 것뿐이라는 주장이었다. 오히려 말루다가 심판을 속이기 위해 과장되게 넘어졌다는 것이다. 그렇지만 첫 번째 슬로우 비디오로 경기 장면을 다시 보았다면 심판의 결정이 옳았음을 알 수 있었을 것이다. 잘못된 행동이 있었음이 사실로 증명되었다. 카메라의 각도를 사람 높이에 맞추어 보면 이탈리아 선수의 잘못이 더 잘 부각되었다. 추가적인 상황 증거를 대자면, 이탈리아 선수가 상대 선수와 접촉하기 전에 손을 든 것으로 드러났다. 수비수들이 흔히 하는 나쁜 습관 말이다. 즉 수비수들은 자신들이 잘못을 저지르게 될 것을 직감하면 그와 같은 다소 동정적인 행동을 취함으로써 곧 이루어지게 될 처벌을 피하려 애쓴다. 판정이 내려졌고, 결정이 되었고, 사건은 끝이 났다. 그런데…… 이제 텔레비전 제작자가 또 다른 카메라로 촬영한 슬로우 비디오 화면을 내보낸 것이다. 또 다른 화면을 보자 조금씩 의구심이 생기기 시작했다. 반대편 각도에서 보면, 마테라치의 행동은 아주 다르게 보였다. 마테라치는 말루다를 단지 가볍게 건드렸을 뿐이다. 뿐만 아니라 그가 뛰던 방향을 바꾼 것은 속도를 늦추기 위한 의도였으며 자신이 수비에 실패했음을 깨닫고 페널티 에어리어 안에서 반칙을 저지르지 않기 위해 그렇게 했던 것임이 명백하게 드러났다. 게다가 충돌은 아주 가벼워 보였다. 말루다는 충격의 강도 못지않게 달리던 자기 자신의 속도 때문에 균형을 잃은 것이다.

알프스 산맥 양쪽에서, 의견은 자신들이 보는 화면에 따라 갈렸다. 프랑스 쪽에서는 '관대한 페널티'를 인정했다. 이 정도 벌칙이면 이탈리아에 상당히 관대한 것이라는 의미의, 축구에 있어서의 완곡한 표현이라고 할 수 있겠다. 이탈리아 쪽에서는 주저하지 않고 아르헨티나와의 외교 관계에 문제를 제기했다. 심판은 아르헨티나 사람이었다.

녹화된 모든 장면은 이제 반복해서 방영되고 있다. 하지만 아무것도 심판의 결정을 되돌리지는 못한다. 심판은 논란에 종지부를 찍을 수 있는 어떤 영상도 존재하지 않기를 바랄지도 모른다(지금으로서는 심판이 비디오의 도움을 받을 수 없음을 기억하자. 또한 그와 같은 결정은 차후에도 중요하다). 완벽한 카메라 각도나 장면의 포착은 애초에 불가능하다. 왜냐하면 자신의 행동 일부를 숨기는 선수는 항상 있기 때문이다. 속도에 따라 두 선수 사이에 발생한 접촉의 성격에 대한 판단은 다양해진다. 다른 관점에서 보자. 카메라가 이동 속도를 더 잘 판단할 수 있다면, 카메라는 경쟁 중인 두 선수 사이에 존재하는 실제 거리에 대한 판단을 막음으로써 관점이라는 것을 억눌러 버린다. 달리 말하자면 완벽한 영상, 우리를 무지에서 벗어나 진실을 있는 그대로 보게 하는 영상은 지금으로써는 환상에 불과하다. 즉 어떤 기술적 해결책도 사각死角을 없애지 못하므로 완벽한 영상은 환상 속에서나 가능하다는 것이다. 하지만 기술만이 문제일까? 여기서 마테라치의 문제는 내버려 두고, 선수의 행동을 판단하는 우리의 지각 자체가 불확실하다는 견해를 살펴보기로 하자. 그와 같은 판단의 불일치는 정확히 무엇에 근거하고 있는가? 우리는 동일한 사실을 다르게 보았는가? 아니면 서로 다른 사실을 보았는가?

"순수한 시선은 존재하지 않는다. (……) 욕구와 선입관은 보는 방식뿐 아니라, 시선이 보고 선택하고 버리며 조직하고 구분하는 것의 내용까지도 지배한다." 넬슨 굿맨 《예술의 언어들》

대답은 자명한 듯싶다. 즉 우리 모두는 어느 정도 동일한 사건을 목격했지만 각자의 이익과 관점에 따라 서로 다르게 보았다. 두 진영 모두에게 동일한 사실이 있다면, 페널티 에어리어에서 두 선수 사이에 접촉이 있었고 여러 가지 서로 다른 해석이 있었다는 점이다. 논리는 더 이상 찾아볼 수 없다!

지각知覺이란 감각을 통해 느낄 수 있는 사물과의 즉각적인 접촉을 말한다. 즉 내가 지니고 있는 견해로부터 자유로운, 스스로의 고유한 존재를 지니고 있는 어떤 사물(혹은 사실을 구성하는 사항 전체와의)과의 접촉 말이다. 여기에서처럼 다양한 견해가 문제된다면 바로 여기서 '그 자체로서 존재하는' 사실과 '다른 존재와의 관계로서 존재하는' 사실이 구분될 것이다. 저마다는 그 사물과 개별적인 접촉을 하기 때문에 동일한 사실이 서로 다른 지각을 야기한다. 그것이 바로 우리가 상대적 관점이라 부르는 것이다. 관점의 상대성은 사실에 채색을 하거나 고유한 결정을 내리는 해석에 의해 견고해진다. 자기 자신의 기대에 따라 지각하는 주체가 내리는 고유한 결정 말이다. 우리가 경기에서 목격한 사실이 완벽한 본보기이다.

반대로 우리가 아주 정확하게 같은 관점을 가질 수 있다고 생각해 보자. 우리 모두는 관중석에서 같은 자리에 앉아 있다. 우리는 같은 시력과 (시합을 보고자 하는) 같은 욕구를 가졌다. 간략히 말해서 우리는 육체적·정신적으로 동일한 입장을 지니고 있다. 그렇다면 우리의 지각은 동일할 것이다. 그러나 이와 같은 가정은 사실상 거의 불가능하다.

텔레비전 앞에 자신이 좋아하는 클럽을 마음속 깊이 응원하는 서포터즈 집단이 모여 있다고 생각해 보자. 그들에게 자신들이 응원하는 팀의 동일한 경기 장면이 담긴 여러 화면을 보여준다. 그들의 의견이 일치하지 않을 가능성은 거의 없다. 이때 지각에 차이가 생긴다면 그 차이는 개개인의 감각 기관 사이, 생리적인 변이에서 비롯된 결과일 뿐이다. 예를 들어 서포터즈 중 한 사람이 색맹일 경우 말이다.

"다시 주사위 놀이를 해보자. 나는 여섯 개의 면 중 하나에 여섯 개의 검은 점이 있다는 사실을 알고 있었다. 바로 거기에 이해 작용이 있고, 그 작용에 있어 감각은 단지 소재를 제공할 뿐이라는 사실에 쉽게 동의할 수 있다." 알랭 《정열과 지혜》

물론 이와 같은 설명은 명료성과 일관성이라는 이중의 이점을 모두 지니고 있다. 하지만 이 설명에는 중요한 결점이 있다. 이 설명은 지각이란 것이 순수하게 수동적인 과정임을 검토 없이 가정하고 있다. 지각은 외부 세계에서 비롯된 정보를 받아들이는 것이다. 이 정보는 정확히 같은 지각을 하지 않는 개인들 각자의 의식에 이르기 위해 서로 다른 길을 통할 것이다. 그런데 지각은 즉각적으로 받아들여지는 명백한 사실과는 달리 수동적인 수용이 아닌 통합의 행위를 나타낸다. 우리는 파울 혹은 골을 즉각적으로 그리고 그 자체로서 인식하는 것이 아니라, 마치 그 실체가 공중을 떠돌다가 우리에게 이르듯이, 우리가 동시에 결합시키는 수많은 데이터들을 인식하는 것이다. 의식이 그 데이터들을 알아보기 위해서 말이다. 달리 말하자면 경기에서 일어나는 어떠어떠한 행위를 지각하기 위해서는 서로 다른 감각들을 전체로 묶고, 경기에서 나타난 행위를 그 자체로서 규명하게 하며, 그 행위를 그것이 지닌 특수성 속에서 판단하게 하는 정신적 행위를 필요로 한다. 지각한다는 것은 판단하는 것이다. 파울 혹은 골이라는 실체는 내가 그것에 대해 지니고 있는 지각에 선재先在하지 않는다. 그렇다면 모든 것은 환상에 불과한가? 분명 아니다.

알기 위해서는 보는 것으로 충분한가? 현실은 우리가 지각하는 것으로 귀착되는가?

축구에 관해 무지한 사람은 마테라치의 개입이 무엇을 의미하는지 말할 수 없다. 그 사람은 파울이 있었는지 보지도 못했을 것이다. 상황을 과장해 보기로 하자. 어떤 화성인이 지구에 막 도착하여 우연히 경기장에 가게 되었다. 화성인은 골인 장면을 목격하지는 못하지만 어느 순간 둥근 물체가 녹색의 표면을 구르더니 흰색 라인과 말뚝, 그물 등으로 경계가 정해진 어떤 장소로 들어가는 것을 보게 된다. 한쪽 방향으로 열려 있는 일종의 새장 속으로 말이다. 우리의 흥미를 끄는 이와 같은 상황에서, 마테라치의 개입이 논란의 여지가 있는지 없는지(합법적이라고 해석할 수 있는 상황인지) 알기 전에라도, '표면에서의 접촉'이라는 사건은 있는 그대로 존재하는 것임에 틀림없다. 그렇지만 우리는 의미 그리고 의식에 '충실하다'는 어휘를 경계해야 한다. 즉 순수한 감각(폭발 소리 혹은 색채의 얼룩)이라는 방식을 따르는, 경험에 근접한 데이터로서의 의미 혹은 의식 말이다. (감각이 닿을 듯 말 듯한) 경험의 첫 번째 수준에서 현상에 대한 해석은 거의 동시에 이루어진다. 예를 들면 이 해석은 태클과 같은 기술적 행위를 인지하고 평가할 것을 단번에 요구한다. 바로 여기서 우둔한 사람은 단지 난폭한 접촉만을 볼 것이다. 따라서 순수한 지각은 존재하지 않는다. 즉 각자의 지각은 (행동하거나 알게 되는) 우리의 순간적인 관심에 따라 통합하고 (현실을) 인지하는 지적 활동을 필요로 한다.

지각이 판단이라면 지각 그 자체, 즉 우리를 둘러싸고 있는 세계에서 의식이 열리고 사물을 지각하고 수용하는 본래적인 가상의 그 순간은 무엇이란 말인가? 의식이 자신의 대상을 차지하는 행위를 말하는 '지각 작용'만이 존재하고 '지각' 자체는 결코 없다는 말인가? 지각의 직접성에 대한 우리의 비판은 감각을 느낄 수 있는 물질(우리에게 전달되는 감각의 총체)을 사라지게 하는 부조리한 결과를 낳을 것이다! 이와 같은 단언은 생각보다 그리 엉뚱하게 보이지 않는다. 순수한 감수성 혹은 정신의 완전한 수동성이라는 의미에서 지각이 존재하지 않는다면 그것은 누구나 자기 나름의 기대지평을 지니고 있기 때문이다. 축구 규칙을 아느냐 모르느냐에 따라 우리는 옆 사람과 다르게 지각한다. 왜냐하면 옆 사람과 다른 것을 보기 때문이다. 시합을 보는 관중의 주의력은 과거의 경험 유무, 시합 규칙에 관한 지식 정도, 감정적으로 지지하는 팀이 어디인가 등에 따라 달라진다. 바로 그런 이유 때문에 언뜻 보기에 상반되어 보이는 (능동성과 수동성을 어떻게 동시에 지닐 수 있는가?) '지각 행위' 의 개념이 합법적인 것으로 확인된다.

지각은 감각과 해석, 느끼는 것과 관념을 결합시키는 정신의 표현이다. 의식의 차원에서 보면 서로 다른 근원 사이에 명백한 분할이 불가능한 채로 말이다. 게다가 지각 행위는 스스로를 앞지른다. 즉 '지각한다' 는 것은 '예상한다' 는 뜻이기도 하다. 예를 들어 어떤 입방체를 관찰할 때 우리는 한 번에 단 하나의 면만을 보는 것이 아니라 시야를 옮김으로써 발견하리라 기대되는 또 다른 면들의 존재를 즉각적으로 투영한다. 하나의 사실이 또 다른 사실의 표시가 되는 경우도 있다. 연기가 불이 났음을 나타내는 표시이고 번갯불이 뒤이어 있을 천둥소리를 암시하는 것처럼 말이다. 지각 행위를 통해 우리는 감각의 무한한 집합체에 의해서 뿐 아니라 동일한 지각에 수많은 의미를 부여하는 (감각외) 상호적 반향 게인 체계에 의해 이루어진 세계에 속해 있다.

우리는 흔히 말하는 '사실주의적인 착각' 에서 벗어났다. 그와 같은 견해에 따르면 지각은 매개물이나 매개체 없이도 우리를 현실에 즉각적으로 접근할 수 있게 해 준다. 비디오를 통한 중재를 지지하는 사람들의 순진한 의도는 논쟁의 여지가 있는 행동에 대한 정확한 지각이 기술적 문제의 해결책임을 암시한다. 그것은 우리와 관련된 감각적 세계의 현상들에 대한 관계의 본질을 말하는 것이 아니라, 첨단 카메라들을 좀 더 완벽하게 만들고 증대시켜 기술적인 문제를 점진적으로 해결하자는 뜻이다. 그러나 기술적 술책은 사실상 철학적 판단의 잘못에 토대를 두고 있다. 여기서 한 가지 모순이 제기된다. 즉 모든 관점들을 포함하는 관점인 완벽한 이미지는 논리적으로 불가능하다. 절대적인 시각, 즉 고유한 관점과 관련이 없고 관찰된 대상과 관계없이 위치한 시선의 추구는 헛된 것이다.

이제 사물을 다르게 보기로 하자. 만일 감각이 우리를 현실에 직접적으로 접근할 수 있도록 해 준다면, 우리가 잘못된 생각을 하게 되는 것은 무슨 이유인가? 신기루나 눈의 착각 같은 지각의 오류일까? 실재론자들은 감각을 통해 착각할 가능성은 없다고 주장한다. 그러나 철학적 전통에서 그와 같은 문제들이 끊임없이 다루어지고 있고, 우리는 착각을 일으킨다. 물에 잠겨 굽어보이는 막대를 물에서 꺼내도 그 모양대로 굽어 있으리라고 생각한다면 시각적 환상에 사로잡힌 것이다. 바로 우리 자신이 스스로의 감각을 지나치게 받아들임으로써 하게 되는 착각이다. '감각은 기만적이다' 라는 표현으로는 불충분하다. 왜냐하면 우리는 우리가 잘못 생각하는 감각의 데이터에 관해 성급한 판단을 내리기 때문이다. 감각적 환상은 사물이 드러나도록, 사물의 현실을 추론하는 판단에서 비롯된다. 우리는 그 현실을 사물의 '현상' 이라고 부른다. 하지만 외형은 그 자체로서는 결코 허위가 아니다. 외형은 단지 있는 그대로의 것일 뿐이다.

우리를 둘러싼 세계에 대한 지각은 우리의 감각기관과 현실 사이의 관계에서 비롯된 산물이다. 그래서 세계는 '우리의 세계' 이다. 사물과 사실의 총체인 자연은 우리가 수동적으로 응시함으로써 마주할 수 있는 그림 같은 것이 아니다. 이제 자연을 우리의 감각을 통해 지니게 된 감성으로, 우리와 다른 모든 것과의 관계에서 비롯된 결과로 생각해야 한다. 있는 그대로 받아들인 감성은 지각된 세계 혹은 현상이다. 실제 세계와 뒤섞인 감성은 환상의 원천이다. 우리는 현상을 현실과 동일시하면서부터 외형에 속게 되는 것이다.

003 자유 la liberté
전반 7분

> **"선택하는 데 의의가 있는 자유의 그림자 뒤로, 억제하는 데 의의가 있는 진정한 자유가 곧 나타난다." 알랭**

경기는 빠른 속도로 진행되었다. 작전상의 어떤 탐색전도 없었다. 경기가 시작되자마자 파비오 칸나바로와 티에리 앙리가 경기장 한가운데서 충돌했다. 프랑스 공격수는 한동안 정신을 잃은 채로 누워 있었다. 2분이 지나고 이탈리아의 잠브로타가 비에이라를 걸어 넘어트려 첫 번째 경고를 받았다. 더욱더 숨 가쁜 결승전의 시작을 보게 된 것이다!

경기 시작 6분, 마테라치가 페널티 에어리어에서 말루다에게 파울을 저질렀고, 심판은 즉시 페널티킥 지점을 가리켰다. 경기 시작 7분, 이탈리아 선수들의 관례적인 항의가 무위에 그친 뒤, 심판은 페널티 에어리어를 비우게 함으로써 판정을 실행하려 했다. 바로 지단이 공을 차게 되었다. 그는 앞으로 나가 골대로부터 11미터 떨어진 지점에 공을 내려놓았다. 지단 앞에는 큰 몸집의 골키퍼 부폰이 골문 한가운데 버티고 서서 공을 뚫어져라 응시하고 있었다. 심판의 호각 소리가 울려 퍼졌다. 지단은 공을 향해 돌진했지만 있는 힘껏 공을 차는 대신, 힘을 가하는 순간에 동작을 늦추더니 공 아래쪽으로 발을 밀어 넣고 가볍게 툭 차 넣었다. 부폰은 상대를 속이려 이미 한쪽 방향으로 몸을 던진 상태였다. 공은 가볍게 허공으로 떠올라 종 모양의 궤적을 그리더니 골대 윗부분을 때렸고 다시 아래로 떨어졌다. 그리고 땅에서 튀어 오른 공이 골대 밖으로 다시 튕겨져 나왔다. 미세한 동요의 순간이 있었고 일시적으로 시간이 정지한 것 같았다. 골라인 밖으로 나온 공이 그 전에 이미 선을 넘었는가? 골인가, 아닌가? 지단은 심판을 바라보았다. 심판은 부심과 시선을 주고받더니 센터 서클을 가리켰다. 그리고 손을 들었다. 공은 선 안쪽에서 튀어 오른 것이다. 페널티킥은 유효했다!

말하자면 지단은 대담했다. 월드컵 대회 결승전에서 처음으로 안토닌 파넨카(체코슬로바키아의 축구 선수로 자국에서 열린 유로76 독일과의 결승전에서 페널티킥을 마지막으로 성공시켜 팀을 우승으로 이끌었다. 그가 공을 향해 빠르게 달려가다 속도를 늦추고 가볍게 차 넣었던 페널티킥은 명장면으로 꼽힌다)의 골 장면을 시도한 것이다. 사실 지단은 골을 못 넣을 뻔했다. 이런 어처구니없는 일이! 평가를 내리기 전에 시간을 30년 전으로 돌려 보자.

1976년 6월 20일 안토닌 파넨카는 체코슬로바키아 국제 경기장 한복판에서 패트릭 맥구한의 유명한 탄식을 자기 식으로 재현했다. 맥구한은 영국의 TV 드라마 〈수감자The Prisoner〉의 주인공으로, 거기서 그는 이렇게 외쳤다.

"내 이름은 수감 번호가 아니야. 나는 자유인이야!"

철의 장막 뒤의 위성국가 시민인 파넨카는 등 번호 10번을 달고서 서독과 맞선 유럽 챔피언 결정전 결승 경기에서 자유인이 될 기회를 얻은 것이다. 덤으로 그는 '테크니션technician' 이라는 이름을 얻은 세계에서 유일한 선수가 될 수도 있었다.

그의 팀은 세계 챔피언이자 유럽 챔피언 타이틀을 가진 베켄바워가 이끄는 무시무시한 전차군단과 맞섰고, 점수는 연장전이 끝나고서도 여전히 2 : 2 무승부였다. 최종 승자를 가리는 승부차기가 국제대회 결승 사상 처음으로 시작되는 순간이었다. 그전까지는 동점일 경우 재경기를 해야만 했다. 파넨카는 독일의 전설적인 골키퍼 제프 마이어를 향해 앞으로 달려가면서 자신의 발끝에서 승부가 결정될 것임을 직감했다. 그가 득점한다면 체코슬로바키아는 유럽 챔피언이 될 것이고, 만일 실패한다면 독일이 동점을 만들어 경기는 원점으로 돌아갈 것이었다.

공 앞에 선 그의 자세만으로는 앞으로 무슨 일이 일어날지 예측이 불가능했다. 그는 도약을 하기 위해 통상적인 거리만큼 뒤로 물러났고 심판이 신호를 보내자 달려오기 시작했는데, 그 보폭과 자세로는 그의 의도를 알 수 없었다. 그런데 가죽 공을 차는 순간, 그가 속도를 늦추더니 공 아래로 발을 밀어 넣어 땅에 다리를 꽂고 묘하게 툭 차서 공을 날려 보내는 게 아닌가. 골키퍼는 속임수 동작에 현혹되어 이미 한쪽 방향으로 몸을 날린 뒤였고 공은 마치 허공에 매달린 것처럼 천천히 종 모양의 궤적을 그리더니 비어 있는 골대 가운데로 들어갔다.

자유란 우리 마음에 내키는 대로 행하는 데 있는가?

골이었다! 체코슬로바키아는 유럽 챔피언이 되었고 파넨카는 영원히 역사에 기록되었다. 그의 창의적 골은 축구의 모든 관례적인 규칙에서 벗어남으로써 자신의 조국에 승리를 안겨 주었다. 실패할 위험이 컸다는 사실은 신만이 알 것이다. 만일 마이어 역시 속임수를 썼고, 골키퍼들이 항상은 아니지만 흔히 습관적으로 그러하듯이 예측을 하지 않았더라면, 손을 쓸 필요도 없이 날아오는 하루살이를 붙잡을 수 있었을 것이다! 그러나 파넨카는 승부차기라는 제비뽑기에서 선수로서의 운명과 맞닥트릴 기회를 잡음으로써 운명을 지배하였다. (승부차기는 두 팀 사이의 수준 차이를 무력화시키기 때문에 진보된 도박 게임이다.) 그날 이후 영원히 체코 선수는 창의적 플레이어들의 전당에 들어갔다. 하지만 한 가지 의문이 남는다. 파넨카는 다소 과장된 공격수였을까 아니면 진정한 자유의 선구자였을까?

"상황이나 동기는 인간에 대해 그들이 자기 자신에게 허락하는 지배력만을 행사할 뿐이다." 헤겔

통상 자유와 자발성은 동일하다고 여겨진다. 자유의지를 따르는 행동은 자유롭고, 그것을 이행하는 주체의 고유한 자주적 행동에 속한다. 위험을 무릅쓰는 것은 자유의 높은 단계를 나타내는데 왜냐하면 그것이 개인을 억압하는 정신적·사회적 속박에서 벗어나려는 주체의 능력을 나타내기 때문이다. 규칙, 관습, 법률, 습관, 개인의 심리적 억제 혹은 편견 등 그 어떤 속박이든 말이다.

인간은 자유로운 만큼 욕망과 그 실현이 서로 부딪치지 않으며, 초래된 위험에 대한 인식이나 단순한 육체적 무능 같은 어떤 장애도 그를 자유의지에서 벗어나게 하지 못한다. 간혹 '무동기 행위'라 불리는 기이한 행동은 목적이 있다고 혹은 없다고도 동시에 말할 수 있는 행동의 범주에 속한다. 우리는 어떤 방해도 받지 않고 겉으로 보기에 어떤 주관적 동기도 어떤 필연성도 없는 행위를 함으로써 순수 자유를 경험한다. 일체의 개별적 이유에 구애받지 않고 일체의 생리적 욕구와 미리 정해 놓은 목적에서 자유로운 행동 능력을 경험하게 된다. 그렇다고 실제로 목적의 추구가 완전히 사라지는 것은 아니다. 무동기 행동이, 그 자체로서 목적으로 간주되는 자유를 불러일으키는 범위 내에서 말이다. 절대 자유는 어떻게 보면 사각의 골대에서의 자유와, 자유 행동으로 간주되는 행동의 표현이다. 틀림없이 파넨카의 자주적 행동은 자유 그 자체를 통한 자유에 대한 표명의 중요성을 열망한 것이다.

무동기 행동을 제대로 이해하려면, 이 같은 상황에서는 어떤 선수라도 가장 효과적인 두 가지 기술을 사용함으로써 자신에게 주어진 일을 만족스럽게 '처리할 것임을' 분명히 설명할 필요가 있다. 즉 공을 한가운데로 강하게 차 넣거나 옆 그물 방향으로 차는 것 말이다. 슛이 기술적으로 성공한다면 몸으로는 막아낼 수 없게 된다. 바느질로 꿰매이어 붙인 작은 공은 특정한 목적과 상황에서 자유가 무엇인지를 보여 준다. 또한 공은 특정한 상황에 지배 받지 않는 능력도 보여 준다. 그러나 파넨카의 그 같은 행동은 분명 갑작스러운 욕망에서 비롯된 것이 아니다. 왜냐하면 파넨카는 '그런 어떤 행동도 하지' 않았기 때문이다. 그가 2006년에 고백하게 되듯이, 그는 자신이 시도하려는 것을 이미 알고 있었고 '성공을 1000%' 확신했다. 따라서 위험은 이미 (머릿속에) 계산되어 있었다. 다양한 훈련과 선수권 대회에서 그와 같은 동작은 이미 성공을 거둔 바 있었다. 그러나 그 같은 독창적 기술의 비밀은 철의 장막 덕분에 서방 세계로 새어 나가지 않았다.

자유로운 행동은 예측할 수 없는 행동인가?

이와 같이 무동기성은 그 행위가 어떤 의미도 없음을 의미하지는 않는다. 오히려 정반대이다. 동전 던지기 게임에서는 텔레비전 퀴즈쇼인 '최고만이 살아남는다' (프랑스 텔레비전에서 방영되는 퀴즈 프로그램으로 진행자는 선택된 퀴즈를 내고 200명의 참가자는 정답을 맞히지 못할 경우 탈락하며 최종적으로 한 사람만이 남아 승자가 된다.) 방식은 아무 의미가 없다. 이와 같은 일종의 동전 던지기인 승부차기의 숙명성과는 대조적으로 개인적 내기는 그 주체가 다음과 같은 사실을 완벽하게 알고 있음을 보여 준다. 즉 운명이 전적으로 자신에게 달려 있지 않음을 깨닫고 우연에서 벗어나려고 부질없이 애쓸 것이 아니라 오히려 우연을 자기편으로 만들기 위해 우연과 한데 어울리는 데에 진정한 자유가 있다는 사실 말이다.

세월이 흐르고 현대 축구가 발전하면서 이 체코슬로바키아의 스타는 다소 과장된 전설이 되었다. 선수들에게 주어진 자유의 공간은 이후 상업적 영향력 때문에 운영자들에게 지배 받고, 스포츠에서의 예외적 행동을 의도적으로 자제시키는 풍토 속에서 축소되었다. 선수들이 관습을 합리화하고 경제적 목적을 은폐함에 따라, 여전히 파넨카가 했던 행동은 더 많은 예외의 구현인 것처럼 느껴진다. 그렇지만 악의적인 관찰자는 이와 같은 자유에 대한 찬사가 지금까지도 숨겨진 어떤 수단에 의존하고 있다고 틀림없이 반박할 것이다. 실상 모든 분석에서 페널티킥은 성공할 것으로 예측된다. 우리는 새로운 시도의 창안자가 비참하게도 공을 넣지 못하리라 생각했던 것은 아닐까? 우리는 파넨카처럼 공을 넣으려고 시도하다 불쌍하게 실패하여 웃음거리가 된 선수들의 예를 수없이 보았다. 1989년 어느 겨울 저녁 최악의 기상 조건에서, 자존심 강한 에릭 캉토나(프랑스의 축구 선수로 자국 리그와 맨체스터 유나이티드를 비롯한 프리미어 리그에서 활동하였다)는 그 스스로, 프랑스 컵 대회에서 약체팀에 속하는 보베와 만나 한순간 경기장의 웃음거리가 되었다. 골대로 날아간 그의 공은 바람 때문에 급격히 속도가 떨어졌고 골라인 앞에 뚝 떨어지더니 그대로 진흙에 처박혔다. 잔뜩 긴장했던 골키퍼는 잠자코 일어나 골대 끝으로 가서 공을 주웠다.

사실 파넨카의 승리가 불러일으킨 환호는 우리의 사고력이 '회고적 착각'이라 부르는 것에 무의식적으로 빠져들 위험이 대단히 크다는 사실을 깨닫게 한다. 우리는 천재적 재능이라 불리는 헤아릴 수 없는 어떤 특성을 천재적 행위가 존재하는 것으로 곧장 간주해 버렸다. 마찬가지로 관습적으로 행동하거나 보란 듯이 규칙이 중요시되는, 예외와는 뚜렷이 구분되는 그 행동은 우리가 '자유'라 부르는 신비스러운 힘 안에 그 원천이 있는 듯이 보인다. 따라서 자유를 확인하는 방법은 우리가 객관적인 표시라고 부르는 방식에 상당히 의존하고 있다. 즉 자유의 흔적을 지닌 것으로 간주되는 행위, 성과, 표현 등이 나타나는 방식 말이다. 요컨대 보베와의 시합에서 보여진 우스꽝스러운 장면을 창조적 자유 혹은 캉토나의 천재적 재능이라고 보기는 어려울 것이다. 그렇지만 우리 자신과 관련시켜 보자면 보이는 부분과 어떤 행위의 결과가 그것에서 비롯된 개인의 능력이나 힘에 달려 있다는 생각에 영향을 주지는 않을 것이다.

그렇다면 파넨카의 실패에 대한 가정이 또 다른 평가를 유발할 수 있는지 알아보아야 한다. 그럴 경우 자유에 관한 우리의 첫 번째 견해의 정당성에 의심을 품을 만한 이유가 찾아질 것이다. 만일 그의 발이 공 아래쪽을 건드리지 못하고, 흔히 그렇듯이 공교롭게도 잔디에서 그대로 멈춰 섰다면 온갖 비난이 일었을 것임을 우리는 충분히 짐작할 수 있다! 자유에 대한 찬사는 분명 경박한 변덕에서 비롯된 이구동성의 비난으로 나타날 것이다. 사람들이 보기에 순간적인 자신의 욕망에 따른 이 절대적 자유의 행위는, 세상이 오직 자신에게 모든 사람들을 만족시키기 위한 자기중심적 기회를 주기 위해 존재한다고 믿는, 한 개인의 과대망상에서 비롯된 초라하고 즉흥적인 생각이었다고 평가 받게 될 것이다. 자유에 대한 확신과 규칙의 위반이 유치하게 뒤섞여 있다고 비난 받아 마땅한 그의 실패는, 자유의 잠재적 원형을 지녔다고 평가 받는 위치에서 욕망과 미성숙함의 노예라는 위치로 격하될 것이다.

자유에서 구속에 이르기까지 양자택일의 시나리오를 제시한다면, 사건에 대한 해석은 완전히 달라진다! 하지만 주체의 자유를 결정하는 데는 결국 적절한 상황이 요구되지 않을까? 그 결과가 무엇이든, 행위는 자유롭거나 자유롭지 못하다. 따라서 처음부터 선택해야만 하지 않을까? 우리가 제시한 예는 당장의 명백함의 단계를 일단 벗어난, 자유의 문제와 결부되어 있는 모호성을 드러낸다. 우리는 당연히 자주성과 자유의지로서, 그리고 선택을 통해 자기 자신을 결정하는 의지로서의 자유의 개념을 중시한다. 그러나 이와 같이 너무 단순한 설명은 자유와 관련된 개념들 사이에 존재하는 상반된 두 가지 해석 가능성을 은폐해 버리고, 특히나 문제를 어렵게 만든다.

첫 번째 해석에 따르면 자주성은 다양한 형식을 좋아한다. 자주성은 상황의 흐름에서 벗어날 수 있고, 육체적·정신적 불행에 해를 입지 않는 내적 자유의 모습으로 간혹 나타난다. 예를 들자면 우리의 의지에 달린 것과 그렇지 않은 것 사이의 공유를 받아들임으로써 말이다. 자주성은 흔히 자유의지의 존재, 즉 여러 선택 사이에서의 최종적인 판단 능력에 토대를 두고 있다. 하지만 자주성의 절정은 특정한 이유에 따라 행동하는 것을 거부하는, 무관심의 자유라는 삶에 이르는 것이다. 그것이 적절한 행동이라 할지라도, 그럴 만한 충분한 이유가 있는 행동이라 할지라도 말이다. 이때 절대적 자유의 동의어인 무관심은 모든 영향력과 모든 무의식적인 압력을

피하기 위해 특정한 어떤 것도 바라지 않는다는 내기에서 승리한다. 우리는 즉흥적인 행동, 갑작스러운 욕망, 그리고 변덕이 무관심의 중계 형식임을 쉽게 인정할 것이다.

두 번째 해석은 자주성을 전혀 다른 시선으로 바라보며, 첫 번째 해석에 대한 비판으로서 요구된다. 원인 없는 결과가 없는 것처럼 이유 없는 행동도 있을 수 없다. 따라서 자유롭다고 믿는 것은 언뜻 보아 이유 없이 행동하거나 혹은 자유롭다고 말하기를 원치 않는 모든 이유에 반하여 행동하기 때문이다. 사람이 자유롭다고 믿는 이유는 자신을 규정하는 이유와 자신을 행동하도록 떠미는 힘(사회와 대결하는 것, 유명해지기를 바라는 것 등)을 의식하지 못하기 때문이다. 하지만 사람이 인식하지 못하는 것은 사실상 속박의 가장 교묘한 단계이다. 왜냐하면 그는 구속을 당하고 있는 만큼 특정한 욕망에 지배 받고 있다는 사실을 모르기 때문이다. 결국 자유의 진정한 상태에 도달하기 위해서는 절대적 자주성의 환상에서 벗어나 솔직히 터놓고 행동의 동기를 받아들이거나, 지금까지 우리를 행동하게 만든 비밀스러운 동기를 알아내기 위해 노력해야 한다. 요컨대 자기 자신을 위한 행동의 원칙 혹은 규칙을 정함으로써 자기 자신의 입법자가 되는 것이다. 그래서 자유는 자율(그리스어로는 법칙이란 의미의 '노모스nomos'이다) 안에서 실현된다. 이 같은 선택에 따르자면 자유의지는 기본 원리 혹은 출발점을 구성하는 것이 아니라 선택된 목표, 즉 인간을 그의 욕망에 구속시키는 힘에 대항해 쟁취해야 할 구성 요소가 된다. 자유롭다는 것은 결국 끊임없이 '벗어나는 것' 이다. 달리 말하자면 첫 번째 해석에서 자유는 구속이 없음에 대한 증명이고, 두 번째 해석에서 자유는 자신이 구속된 가운데 그 존재가 명확히 드러나는 것이다(바로 자율이다).

"규정된 법칙에 따르는 것이 자유이다." 장 자크 루소

그 탁월함에 비추어 볼 때 파넨카의 동작은 정말로 자유로운가? 만일 그렇다면 어떤 의미에서 자유로운가? 그 문제에 철학적으로 접근하기 위해 그 동작의 공개되어 있거나 눈에 보이는 측면을 특별히 고려할 필요는 없다. 왜냐하면 우리는 이미, 우리의 대답이 부분적으로 슛의 결과에 의존했음을 경험했기 때문이다. 마찬가지로 파넨카가 자유롭다는 사실 역시 단언할 수 없다. 왜냐하면 그는 상황과 목적에 아랑곳하지 않고 자신의 만족이나 개인적 이익을 쫓았을 수도 있기 때문이다. 그와 같은 경우 전도된 우발성은 그만큼 사실에 가깝다는 것을 기억할 필요가 있다. 즉 파넨카는 상황을 무시하고, 킥의 중량에 아랑곳하지 않은 채, 자신의 욕망에 따라 돋보이고자 하는 소심한 욕구에 고무된 개인의 속박 상태를 벗어나지 못한 것이다. 화려한 취향이나 다른 사람을 놀래 주고 싶은 욕구는 모든 불분명함에서 벗어났다는 표시를 하기 위해 변덕이나 갑작스러운 욕망과 지나치게 가까워지려 한다. 확실히 덜 낭만적이지만, 특수한 경우 틀림없이 훨씬 더 타당하며 우리가 언급해야만 하는, 자유의 또 다른 개념과는 상반되게 말이다.

파넨카는 자신이 움직이는 순간에, 그가 충분히 익숙해졌고 이미 실효성을 테스트해 본 그 동작을 성공시킬 방법이 있음을 알고 있었다. 그는 골키퍼인 마이어가 속임수 동작에 넘어질 가능성을 고려하였다. 대결의 목적에 비추어 볼 때, 골키퍼가 관례적이지 않은 숫까지도 예측해 내기란 사실상 힘들었다. 결국 파넨카는 피할 수 없는 순간에 실행하게 될 행동의 규칙을 정해 놓았고, 달려드는 순간에 생각을 바꾸지 않았으며, 골키퍼가 어떤 동작을 취하든 자신의 선택에 한 치의 망설임도 없었다. 골키퍼에게 어떤 정보를 주거나 어떻게 방향을 잡아야겠다는 생각을 명확하게 알려줄 위험이 있는 그런 주저함 말이다. 만일 파넨카가 행동으로써 자유를 나타냈다면, 그것은 그 자신을 위시하여 어떤 것도 그의 의지와 그의 행동 사이에 개입하지 않았기 때문이다. 따라서 파넨카는 관습에서 벗어나기 위해, 그 자신이 따르기로 결정한 행동 방침을 따른 것이다. 참으로 자신을 무력화시키는 상황에서 벗어나기 위해, 말하자면 그는 데카르트가 이야기한 개념의 연장선상에서 스스로에게 결단과 원칙을 부과함으로써 자기 자신에게 열중한 것이다. 데카르트의 개념에 따르면 자유의 가장 높은 단계는 최상의 이성이다. 최상의 이성은 자신을 규정하는 우리의 능력에 혹은 자신의 목적에 확실성이 없을 때 그 선택에 단호한 우리의 능력에 토대를 두고 있다. 그래서 우리는 모방을 경계하는 법을 배우려는 것이다. 즉 모든 즉흥적 행동은 자유롭지 못하고, 일체의 파넨카식 킥은 자유를 담보하지 못하기 때문이다.

다시 생방송으로 돌아오자. 페널티킥 순간에 점수는 0:0이었고,

경기 시간은 80분 이상 남아 있다. 부폰에게는 세계 최고의 골키퍼라는 명성이 있고 이탈리아의 수비는 시합 중에 허점을 보이는 일이 거의 없으므로, 시합의 목적은 그야말로 세계 선수권 대회의 타이틀이고 무승부 시합은 있을 수 없으므로, 자유롭다는 것은 우리가 바라는 것 혹은 우리의 머리를 스치는 생각을 행하는 것과 반드시 일치하지는 않으므로, 자유의 발현으로 간주하는 것이 이따금 가장 함정이 많은 구속이므로, 지단은 700회 이상의 공식 경기를 치렀고 페널티킥을 놓친 것은 그의 선수 경력 중 단 한 번에 불과했으므로, 그러므로 결국 2006년 7월 9일 저녁 8시 7분 베를린에서 바람은 시속 8km로 불었고 습도는 50%에 가깝다는 것을 알고 있다면, 지단의 파넨카식 킥은 여러분들이 보기에 자유가 존재함을 증명하는가? 아직 전·후반 45분의 시간이 남아 있다.

004 타인 autrui
전반 13분

> "타인은 나와 나 자신 사이의 중재자이다." 장 폴 사르트르 《존재와 무》

그에게 분명 일이 생긴 것이 틀림없다. 그는 경기에 몰두했고 누구도 놓치지 않겠다는 의지의 허용된 한계치를 넘어 버렸다. 프랑스 팀의 왼쪽 수비수인 윌리 사놀은 그가 전담하는 파비오 그로소에게 사정없이 태클을 걸었다. 그로소는 고통으로 몸을 뒤틀었고 다시 일어서기 힘들었다. 심판인 엘리손도 씨는 사놀에게 파울을 선언했고 옐로우 카드를 들었다. 사놀의 동작은 누가 봐도 상당히 과장된 것이었다. 틀림없이 심판은 사놀 옆을 지나치면서 "다음번엔 퇴장이야"라고 덧붙여 말하고 싶었을 것이다. 윌리 사놀은 모든 사람들이 보는 가운데 사과했고 자신의 행동을 부인하지 않았다. 그는 상대방이 일어서도록 도왔다. 그로소는 아무렇지 않아 보였고, 더 잘된 건 두 선수가 시선을 나누더니 서로의 손을 툭 치는 것이었다. 인터 밀란 선수는 눈곱만큼의 앙심도 품지 않았다!

사실 이 같은 에피소드는 조금도 예외적인 것이 아니다. 이 정도 몸싸움은 경쟁하는 가운데 빈번하게 일어난다. 이런 종류의 사소한 사건은 선수들 간의 신의를 손상시킬 만한 일도 아니다. 축구가 전쟁이라고 주장하는 모든 비방자들에게, 진짜 전투는 운동 경기와는 다르게 전투를 벌이는 사람들이 형제와 같은 친교를 맺고 끝내는 법이 결코 없다는 사실을 상기시킬 필요가 있다.

우리는 90분 내내 보란 듯이 서로 발을 밟아 대는 선수들이 서로 팔을 붙잡아 결국에는 호각을 불게 만드는 일을 빈번하게 보게 되는데, 이런 일은 드물지 않게 일어난다. "거칠지만 그 정도는 괜찮다." 이 격언이 경쟁자들 사이의 관계를 요약해 말해 준다. 이따금 이런 일도 일어난다. 불과 몇 분 전 유니폼이 찢어질 정도로 경쟁하고, 휴가를 보내러 함께 떠날 일은 결코 없을 것 같은 두 선수가 어깨동무를 하고 상대편 선수의 셔츠를 목에 건 채 탈의실로 들어가는 일 말이다. 시합이 끝나자마자 마치 집단 건망증에라도 걸린 것 같다. 또한 싸움이 끝나면 서로 얼싸안고 기진맥진하여 껴안고 있는 어린아이들 마냥 어설프게 행동하는 권투 선수들, 기회가 있을 때마다 최선을 다해 괴롭혔던 상대 선수와 다정하게 포옹하지 않고서는 탈의실로 돌아갈 생각을 않는 럭비 선수들에 대해서는 어떻게 설명할 것인가! 잠시 뒤 전·후반이 모두 끝나면 그들은 앞다투어 입에 침이 마르도록 서로에 대한

칭찬과 덕담을 아끼지 않을 것이다.

우리는 축구를 혐오하는 일부 사람들의 전도된 극단주의에 빠지지 않도록 조심할 필요가 있다. "자식이 소중할수록 매를 들어라"는 속담을 분명히 인정한다면, 스포츠의 의심쩍은 사회적 미덕에 대해 예찬하거나 너무 빠르게 부추길 이유는 없다. 따라서 사실에 대한 판단을 가치에 대한 판단으로 바꾸지 말자. 미디어를 통한 스포츠에 대한 논평이 그런 좋지 못한 습관을 만들어 내듯이 말이다. 우리는 그저 경쟁자와 적이 왜 그리고 어떻게 다른지 이해하려고 노력하는 것으로 만족하자.

경기를 한다는 것은 선수들이 규칙을 받아들임으로써 서로를 인정함을 전제로 한다. 또한 상대로 하여금 규칙을 지키고 존중하려는 의지를 갖게 하는 것을 전제로 한다. 그것은 나와 같은 논리적 규칙을 공유하고 스스로 나를 이해하려는 의지를 가진 누군가와 토론하는 것과 같다. 시합이 시작되기 전이라도 상대방은 또 다른 나를 뜻하는 '또 다른 자아alter ego'로서 나타난다. 상대방은 '맞은편에 있는 것, 즉 반대편'을 의미한다. 따라서 나는 '또 다른 나 자신으로 인정하는 것' 그리고 '내 앞에 있는 것'과 대립할 따름이다. 달리 말하자면, 시련은 상대를 인지하는 첫 단계에서 생긴다. 두 팀의 선수들이 경기가 시작되기 바로 전에 나누는 예의를 갖춘 악수에서 볼 수 있듯이 말이다.

왜 인간은 타인이 자신을 알아보기를 바라는가?

시합이 진행될수록 돌발 상황은 많아지고, 이기고자 하는 목적은 더욱 드러나게 된다. 그렇더라도 상대방이 적으로 바뀌지 않고, 시합이 끝날 때쯤 선수들 사이에 더 큰 훈훈함과 존중하는 마음이 생기는 것은 어떻게 설명할 것인가? 한쪽이 패배를 당한 이상, 아무리 대수롭지 않은 시합이라도 세상에서 가장 친한 친구 사이를 나쁘게 만들 힘을 가지게 되는 법이다! 하지만 바로 여기에 해답이 있다. 즉 맞대결에서 모든 것을 잃어야 하는 사이좋은 두 친구와는 다르게 (대결에서 우정은 아무것도 얻지 못하기 때문이다) 스포츠에서의 대결은 적대 관계 속에서 책임감을 인정하는 특징이 있다. 모든 것을 고려했을 때, 타인에 대한 또 다른 자아로서의 인정은 그들이 공통으로 가진 직접적인 본능을 통해서가 아니라 싸움을 중계로 이루어짐을 알 수 있다. 그러나 선수들의 마음에 처음부터 호의적인 감정이 있었다면, 어떻게 그렇게 거칠고 난폭하게 서로 맞설 수 있을까? 몸이 맞부딪치는 그런 거친 행동들 말이다. 또한 상대방에 대한 증오를 어떻게 설명할 것인가? 운동장으로 뛰어들기 바로 직전, 상대 선수를 바라보는 이글거리는 눈빛, 하지만 이내 사라지고 마는 그런 증오 말이다. 그러한 상황을 이해하려면 잠시 땀 냄새로 범벅이 된 적대자들과 싸움터를 떠날 필요가 있다. 바로 그곳에, 성한 곳 없고 엉망이 된 유니폼을 입고 있는 선수들을 잠시 내버려 두고 올 필요가 있다.

의식을 가진 개인으로서

의 나는 주관성을 토대로 살아간다. 나 자신이 존재한다는 의식은 내가 물건이나 사물이 아니라 사람이라는 감정을 강화시킨다. 그러나 그 감정은 자아에서 자아로 이르는, 혼자 있는 상태가 지속된 끝에 나타나지 않는다. 주관적 삶이 그 자체로서 명확히 드러나기 위해서는 그 삶이 스스로가 아닌 것, 즉 자신과 마주 대하고 있는 사물들의 세계와 대립할 필요가 있다. 달리 말하면 의식은 대립함으로써만 존재 속에 깃든다. 즉 자아-주체는 자신이 마주 대하고 있는 사물과의 차이에서만 깨어난다. 다음의 동어반복도 유용하게 보인다. '나는 세계가 아니다. 세계는 내가 아니다.'

자아의 의식은 이타利他성에서, 일반적으로 자신과 다른 것에서 독립성이 느껴진다. 뿐만 아니라 이러한 관계는 부정否定의 관계이기도 하다. 즉 나는 주체로서 존재한다. 왜냐하면 나는 일반적으로 물건이라 규정되는 특성으로 환원될 수 없기 때문이다. 나는 결코 완전히, 전적으로 (사물로서의) 이것도 저것도 아니다. '붉고 길쭉한' 등의 표현으로 충분히 정의될 수 있는 특징을 지니고 있는, 내 앞에 놓인 볼펜과는 달리 말이다. 이해하기 어려운 주체성은 객관성으로 인지된 범위를 항상 뛰어넘어 존재한다. 또한 주관성은 (의식의) 물체화와 사물화에서 항상 벗어나 있다. 이것이 바로 주관성을 고유한 것으로 정의하는 이유이다. 자아는 세계에 대해 자신의 절대적 특성에 관한 의식을 동반한다. 모든 자의식은 항상 객관적 세계에 대해 근본적인 차이를 느낀다. 하지만 의식은 자신을 지킬 수 없는 위치에 있다. 왜냐하면 의식은 자신을 존재에 묶어 두기 위해 자신과 마주하고 있는 대상을 필요로 하지만 그 대상을 부정함으로써만 그 자체로서 명확해지기 때문이다.

의식은 대상을 부정한다. 왜냐하면 의식은 세계와 더불어 욕구와 활동에 토대를 둔 관계를 유지하기 때문이다. 따라서 의식은 역설적으로 자신이 초월하고자 하는 것에 묶여 있다. 자율은 긍정적인 동시에 부정적인 기이한 관계 맺기, 즉 변증법적인 관계 맺기를 전제로 한다. 자의식은, 객체에 대한 부정은 그 자체로서 자의식의 지속적인 조건이 되기 때문에 부정을 거역하는 객체를 전제로 한다. 의식의 진정한 드라마는 사물들 속에 묻히는 것이 아니라, 그것과 마주하여 더 이상 아무것도 찾아내지 못하는 것이다. 따라서 문제는 긍정의 부정 혹은 부정의 긍정이라는 형식을 찾아내는 어려움이다.

"모든 사람들은 동료가 자신을 실제보다 더 높이 평가해 주길 바란다. 본래 사람은 경멸과 멸시에 맞서 더 높은 가치로 인정받으려 노력하는 존재이다." 토머스 홉스 《리바이어던》

해결책은 자신의 존재를 뚜렷이 나타내는 것을 스스로에게 허락할 수 있고 또한 그 같은 긍정을 거역할 수 있는 객체와 관계를 맺는 것이다. 그런데, 그 역할을 훌륭히 해내는 데 또 다른 의식보다 나은 게 있을까? 우리의 특이성을 알아보는 데 의식 말고 다른 무엇이 있을까? 우리는 바로 타인의 시선을 통해 우리의 주관성이라는 고독에 갇혀 있는, 세계와 '마주하고 있는' 주체의 지위에서, 세계 '안에 있는' 주체의 지위로 이동하게 된다. 타인은 나를 주관성의 고립에서 끌어내어 세계의 사물들 한가운데에 자리 잡도록 한다. 그 사물들과 뒤섞이는 법 없이 말이다. 우리는 인지認知를 통해 사물화를 벗어남으로써 존재로 인정되고 주체의 자격으로 인정된다. 그리하여 가장 경멸하는 시선이란 나를 보지 못한 척하거나, 단지 육체적 외형을 지닌 사물로만 보는 시선임을 이해하게 된다. 따라서 진정한 타인은 세계가 아니다. 왜냐하면 세계는 언제나 '나의' 지각력, '나의' 일, '나의' 욕망의 실행 대상이거나 목표이기 때문이다. '또 다른 자아' 로서의 타자만이 저항할 수 없는 근본적인 이타성을 나타내며, 대상에 대한 나의 욕망에 저항하고, 나 자신은 물론 내가 그것에 관해 알 수 있는 것들을 항상 넘어서 자리한다. 따라서 타인의 시선은 개인의 목적을 나타낸다. 하지만 타인을 알아보려고 애쓴다는 것은 결국 타인을 제 것으로 만들지 않고 타인과 결부되는 것이다. 따라서 모순 없이 타인에게 그러한 행위를 강요할 수는 없다. 이성의 관점에서 보면 그 과정은 우리를 알아보려는 타인의 의지를 부추기고 타인에게서 욕망을 불러일으키는 것으로 제한된다. 요컨대 우리는 타인의 욕망을 욕망할 수 있다.

하지만 왜, 이 거울 놀이는 필연적으로 대결의 형식을 취하는가? 타인의 인지가 모든 강압을 금하는데 말이다. 그것은 단순히 인지(알아보는 것)라는 것이, 문자 그대로 서로를 찾아나서는 욕망들의 적대 관계를 만들기 때문이다. 누군가를 유혹할 때처럼, 어떤 상대도 자신의 의도를 먼저 드러내는 데 흥미를 보이지 않는다. 즉 타인의 욕망을 끌어내기 위해서는 그에게 자신의 욕망을 들켜서는 안 된다. 자신의 욕망을 드러낸다는 것은 종속 관계를 인정하는 것이며 주체의 지위를 실추시키는 것이다. 또한 그것은 전깃불에 이끌리는 불나방처럼 사랑하는 사람 주위를 맴도는 객체의 사이에서 자신의 자유를 더없이 의식하는 것이다. 주체로서의 나를 확인하고 나를 몸소 존재하게 만들 수 있는 유일한 존재로서의 나에 대한 타인의 욕망을 불러일으키기 위해서는 감각 세계와 관련된 나의 독립성을 드러낼 필요가 있다. 예를 들어 육체적 용기, 침묵, 혹은 무관심 등을 통해 내가 동물처럼 자기 보존 본능에 묶여 있지 않다는 사실을 보여 주어야 한다. 달리 말해 사물들 쪽으로 이끌리지 않고 주체의 지위를 보존하기 위해 자기 자신과 벌이는 싸움은 타인에게 스스로의 정신력을 보여 주기 위한 타인과의 싸움으로 뒤바뀐다.

타인에 대해 말할 때 우리는 어떤 의미에서 그가 가장 가깝고도 멀다고 말하는가? 타인과의 관계는 필연적으로 갈등을 일으킬 수밖에 없는가?

스포츠는 이 같은 논리를 발전시키고 설명해 준다. 즉 승리하고자 하는 욕망은 상대방의 대응하는 욕망을 통해서만 진정으로 살아 움직인다. 상대를 이기기 위해서는 그가 지지 않기를 원해야만 하고, 그가 저항해야만 한다. 자의식은 역설적으로 자신과 대립하는 논쟁과, 그렇게 함으로써 자신을 받아들이는 것을 거부하는 적대자에게서 비롯된 고유한 가치 혹은 힘에 대한 인정을 요구한다. 경기에서의 싸움은 절대적인 이타성과 또 다른 자아의 요구에 응하는 것이다. 자신이 표현하는 저항을 통해, 또한 타인과 내가 서로에 대해 같은 입장에 있음을 보여 주는 싸움을 통해 자신을 확인시키는 또 다른 자아의 요구 말이다. 끝없는 긴장은 사실상 우리가 스스로를 결코 인정하지 못하기 때문에 생긴다.

"자신의 얼굴을 보기 위해 거울 속을 들여다보는 것과 마찬가지로, 자신을 알고자 한다면 친구에게 시선을 돌림으로써 자신을 발견할 수 있을 것이다. 왜냐하면 친구는 또 다른 자기 자신이기 때문이다." 아리스토텔레스 《니코마코스 윤리학》

1917년에 만들어진 프랑스 컵은 국민들의 각별한 사랑을 받았다. 오직 하나뿐인 이 대회를 통해 프로 스타 선수들의 존재가 부각되었고 그것이 아마추어 선수들의 경쟁을 부추겼기 때문이다. 당시 규모가 작은 클럽들은 큰 클럽들에게 무시 당할 것을 두려워했다. 규모가 큰 클럽들은 시합에서 이기면 본전이고 지면 망신이었다. 그러나 프로 선수들은 스포츠 정신이 무엇인지 알았고, 곧 100주년이 되는 이 시합에 대한 자긍심이 있었다. 프로 선수들은 약체라고 평가되는 상대와 맞붙더라도 신중하게 경기에 임했다. 엘리트 선수들은 어느 날 밤 만난 자신들의 적수를 맞아 젖 먹던 힘까지 다해 뛰는 것이 그들에게 최상의 존경을 표하는 일이라 생각했다. 점수 차가 벌어질수록 아마추어 선수들은 스스로 존중 받고 있다고 느꼈다. 무참히 깨진다는 것은 일단 패배의 고통이 끝나고 나면 부정할 수 없는 배려와 존중을 받았다는 것과 같은 의미이다. 사실 하위 리그의 보잘 것 없는 선수에게는 자신과 맞선 프로 선수가 결코 긴장의 끈을 놓지 않고, 점수 차이가 큼에도 이겼다고 생각하지 않고 끊임없이 경기를 계속하고 있다는 생각이 들 때만큼 만족스러운 경우는 없다. 그래서 이와 같은 상호 관계의 성격을 두고 즉흥적인 동정심인지 용서할 수 없는 적개심인지 양자택일의 분명한 대답을 요구하는 것은 어리석은 일이다. 인간을 혐오하는 모럴리스트들과 어리석은 휴머니스트들이 그런 문제를 두고 흔히 논쟁을 벌일 때처럼 말이다.

잠시 후, 경기 시작 75분경이 되면 프랑스의 마켈렐레는 상대에게 공을 빼앗기고 추월 당한 뒤 뜻하지 않게 경쟁자의 유니폼 뒷면에 새겨진 이름을 읽을 좋은 기회를 얻게 된다. 그러고는 상대 선수에게 자신이 확실히 그를 인지했다는 사실과 동료애를 표시하기 위해 거친 행동으로써 자신의 임무 중 하나인 인사치레를 하려는 결심을 하게 된다. 열정과 열광으로 가득 찬 임무 말이다. 이제 그의 행동에 대한 평판은 걱정할 필요가 없다. 그런데 심판은 정확하면서도 남성다운, 서로를 확인하려는 싸움의 미묘한 특성에 무심한 채 그 대가로 그에게 경고 카드를 꺼내들 것이다.

005 욕망 le désir
전반 19분

> "우리에게 없는 선善이 항상 최고의 선으로 보인다. 그 선을 누리고 있는가? 그것은 타인을 갈망하기 위함이다. 그리고 욕망이 잇달아 나타남으로써 마음속에 삶에 대한 갈망을 불러일으킨다." 루크레티우스 《사물의 본성에 관하여》

첫 골은 이탈리아 선수들의 계획을 바꾸어 놓았다. 보통의 경우 아주리 군단은 공을 상대편에게 넘겨주고 그들을 자기 진영으로 끌어들여 상대를 궤멸시키는 역공을 펼치곤 했다. 하지만 그들에게는 이미 더 이상의 별다른 방법이 없었다. 이제는 경기를 장악하고 공격을 해야만 했다. 어떤 대가를 치르더라도 말이다.

경기 시작 18분, 바르테즈가 지키고 있는 골대 오른쪽 코너에서 일이 벌어졌다. 이탈리아의 피를로가 가볍게 날아가는 궤적을 그리며 패널티 라인 6미터 위로 완벽한 공을 보낸 것이다. 마테라치는 프랑스의 비에이라보다 더 높이 솟아올라 가로 막대 아래쪽으로 성난 머리를 들이댔다. 골이었다! 한동안 이 중앙 수비수는 행복감에 얼이 빠질 정도였다. 그는 날아갈 듯 경쾌하게 온 경기장을 뛰어다녔고 크나큰 행복감에 이어 흥분 상태가 되었다. 그러고는 멈춰 서더니 문신을 새긴 두 팔을 하늘로 뻗고 무슨 말인가를 울부짖었다. 구세주 혹은 실종자를 향한 말인 듯싶었다. 마침내 동료들의 포옹으로 꼼짝달싹할 수 없게 되자, 그는 최면 상태에 빠져 일순간 정신이 다른 곳으로 떠난 사람처럼 되었다. 그리고 아드레날린이 분출되기 시작했다. 감정이 폭발하는 절정의 시기가 지나자 마테라치와 그의 동료들은 평정심을 되찾고 각자의 위치로 돌아갔다. 다시 경기가 시작되었다.

구경꾼들에게 축구 경기는 놀랍도록 강렬한 열정이 집단적·개인적 표현으로 배출되는 유달리 눈에 띄는 운동이다. 어떤 경기장이든 경기 수준이 어떻든 상관없이, 골이나 마지막 호각 소리는 운동장에서 관중석에 이르기까지 놀랍고 무시무시한 힘이 전달되는 연쇄 반응을 일으킨다. 이러한 충격파는 단 한 경기만이 남아 있다는 결말과는 어울리지 않게 감동의 폭풍을 일으킨다. 이러한 현상은 시간이 지남에 따라 축적된 상당한 긴장이 일순간 환희로 분출된 것이라 추측해 볼 수 있다. 욕망이 불러일으킨 고통스러운 긴장, 오랫동안 미뤄지고 오랫동안 기다린 그러한 긴장의 실현이 기쁨인 동시에 위안으로 배출되는 것이다. 단지 득점을 해보려는 단순한 욕망이 이 같은 환희의 원인이 될 수 있을까? 겉으로 보기에 아주 보잘것없는 욕구의 만족이 그토록 강렬한 에너지를 배출할 수 있는 것일까? 그런 의문을 지니고 있다면 경기 결과가 우리의 일상사에 미치는 구체적인 영향을 살펴보는 것으로 충분하다. 따라서 우리는 다음과 같은 질문을 제기해 볼 필요가 있다. 골이 터지기를 열망할 때 당신이 정말로 바라는 것은 무엇인가? 직접적인 목적(골을 넣는 것과 이기는 것)을 넘어서는 또 다른 목적이 있지 않을까? 여기서 우리는 스포츠의 열정이라는 특수한 경우를 통해 일반적인 욕망의 대상과 욕망과의 관계에 대해 질문해 볼 기회가 있을 것이다.

욕망은 '필요'와는 달리 그것을 만족시키기 위해 이용될 수 있는 대상의 의식을 동반한다. 예를 들어 배가 고픈 상태는 자각하는 의식을 필수적으로 동반하지 않은 상태에서의 먹을 필요성을 의미하지만 이와는 달리 모든 욕망은 무언가에 '대한' 욕망으로 나타난다. 그렇다고 해서 이와 같은 양식의 정의가 다음과 같은 의문점들을 모두 충족시키지는 않는다. 즉 살면서 실제로 자신이 원하는 게 무엇인지도 모르는 경우들이 얼마나 허다한가. 또한 스스로 수없이 많은 일을 맡고 활동하며, 책임지고 떠맡은 가치에 따라 살기를 열렬하게 바랐으면서, 그 목적들의 궁극적인 목표 혹은 결과가 무엇인지도 모르는 경우는 또 얼마나 허다한가. 달리 말하면, 무언가를 강렬하게 바라는 것과 그 욕망의 대상이 무엇으로 이루어져 있는지 자세히 알지 못하는 일이 동시에 가능하다는 것이다. 따라서 욕망은 무지만큼이나 앎과도 밀접한 관련이 있다.

축구와 관련된 이와 같은 고전적인 관찰에 이어 정신분석학자들에게 그들이 좋아하는 스포츠에 빠져들도록 멋진 경기장을 들여다보게끔 하자. 축구에 대한 다양한 분석을 보면, 모든 것은 축구라는 '욕망의 어두운 대상'을 폭로하는 데 성공적일 만큼 확실히 제시되었다. 어떤 사람들에게 있어 골대는 여자의 성기와 닮았고, 골은 그야말로 윤간의 최종적인 실현이다! 오이디푸스 콤플렉스에서 설명하는 효과를 믿는 어떤 사람들은 공을 어머니의 상징으로 보려고 했다. 즉 대립하는 선수들은 어머니의 사랑을 독차지하기 위해 아버지에게서 공을 빼앗으려 한다는 것이다. 이와는 반대로 어떤 사람들은 공을 아버지의 성스러운 대체물로 본다. 왜냐하면 손으로 공을 건드리는 것을 금하는 규칙은 터부 taboo의 개념에 완전히 부합하기 때문이다. 프로이트가 이야기한, 접촉이 야기한 외설스러움이나 위험의 두려움에 근거를 둔 금지 규정을 의미하는 터부 말이다!

알지 못하는 것을 바랄 수 있을까? 우리는 자신의 욕망이 우리를 어디로 이끌고 갈 것인지 알고 있는가?

욕망의 경험과 행복의 경험을 비교해 보기로 하자. 일상에서 우리들이 시도하는 각각의 행동들은 가장 대수롭지 않은 행동이라도 우리를 만족시키고 가능한 한 가장 행복하게 만들려는 목적을 지닌다. 자명한 일이다. 하지만 그렇다고 해서 우리가 아주 확고한 행복의 개념을 미리 파악하고 있고 막연한 형태로라도 생각하고 있다는 뜻은 아니다. "행복이란 무엇인가?"라는 질문에 대한 답이 없다는 이유로 행복의 실질적인 추구를 뒤로 미뤄둘 수는 없다. 이렇게도 이해할 수 있을 것이다. 결정적으로 불행해지는 가장 좋은 방법은 살아가면서 무엇이라도 시도하기 전에, 행복으로 가는 유일한 길은 그 질문에 대한 결정적인 대답을 요구하는 데 있다고 믿는 것이다! 이와 유사하게 욕망의 일상적인 실현은 욕망의 궁극적인 목적에 대한 질문을 감추고 있다. 마치 욕망과 그에 결부된 사소한 즐거움들이 욕망의 대상에 대한 의식으로부터 우리를 떼어 놓고, 우리에게 그 의미에 관한 질문을 하지 못하도록 만들 듯이 말이다.

어떤 욕망이 우리를 목적지에 도달하게 하는가? 이 같은 질문은 불확실한 반응을 불러일으킨다. 우리는 "승리하고자 하는 욕망이다"라는 대답을 듣게 될 것이다. 물론이다. 질문을 다음과 같이 바꾸자. "무엇을 얻고자 승리를 원하는가?" 긍지, 자존심, 오랜 적에 대한 복수심이거나 더 단순하게는 축제를 벌일 기회를 얻기 위함인가? 아마도 결국은 그럴 것이다. 그렇지만 아무것도 확신할 수 없다. 왜냐하면 처음에는 욕망의 결핍을 채워 주었다고 생각되던 승리가 단지 아주 일시적으로만 선수들과 관중들을 만족시켰음을 깨닫게 될 것이기 때문이다. 다시 말해 다음 주에는 오늘의 경기 결과로 인한 들뜬 기분은 싹 잊고 또 다시 경기에서 승리해야 할 것이다. 계속되는 경쟁, 경쟁……. 축구의 세계는 결코 멈추지 않고 돌아가는 쳇바퀴와 같다.

이러한 욕망의 신비스러운 목적이 무엇이든지 간에 그 같은 만족은 일시적인 것으로 보인다. 멀리서 보기에도 승리를 축하하려는 집단적 불안에 사로잡힌 관중들에게서 비정상적이고 부조리한 감정이 상당히 자주 목격된다. 이 모든 상황은 공이 골대에 들어가든 그렇지 않든 그와 같은 인상을 지울 수 없다는 사실과 관련이 있다. 잘 알려진 사실을 말하자면, 서포터즈들은 그들이 열광적으로 좋아했던 것을 다음 주가 되면 다시 열망하게 될 것이고, 기자들은 불과 며칠 전에 자신들이 격찬했던 선수들을 형편없이 깎아내릴 것이다. 도대체 그들은 무엇을 추구하는 것인가? 목적을 추구하는 것이 하찮은 일은 아니다. 즉 욕망의 대상이 숨어 버릴수록 공허함은 더욱더 경기장을 서커스장으로 만들고 부조리의 구렁 속으로 빠져들게 한다. 철학에서 흔히 있는 일로, 애초에 질문이 잘못되었다는 인식에서 해결책을 찾지 않는다면 말이다. 수많은 개별적인 욕망과 욕망의 대상 너머의 존재에 대한 무의식적인 믿음 때문에 질문이 실패한 것은 아닌지 물을 필요가 있다(즉 인간의 욕망은 특정한 대상을 두고 있다기보다는 근본적인 것이다). 그러니 이제 근본적인 가설을 제기할 필요가 있다. 욕망의 대상은 실상 착각에서 비롯된 생각, 욕망의 잘못된 개념과 서로 유사하다는 가설 말이다.

"사람들에게, 자신이 욕망하던 일이 생기는 것보다 더 좋은 건 없다." 헤라클레이토스 《단편들》

인간은 죽을 때까지 결코 욕망을 버리지 못한다. 인간은 근본적으로 욕망한다. 그가 자신의 존재에 의미를 부여하기 위한 끝이 없고 만족할 줄 모르는 욕구를 지니고 있다면 말이다. 그 증거를 대자면, 언뜻 떠올려 봐도 우리는 욕망 없는 삶을 아무런 이의도 달지 않고 생각해 낼 수 없다. 욕망의 목적을 바라는 일이 가능할까? 이와 같은 사실은 최초의 질문에 대한 재검토를 요구한다. 즉 "욕망의 대상을 결정하지 않는다면?", "모든 개별적 목적 너머에, 어떤 절대적 목적도 우리의 기대 지평에 나타나지 않는다면?", "둘 중 그 어느 것도 존재하지 않는다는 사실에 원인이 있다면?" 등의 질문 말이다.

해결해야 할 문제의 관점을 바꾸어 보기로 하자. 즉 이와 같은 욕망의 대상과 목적의 부재가 오히려 갑작스럽게 욕망의 조건 자체가 된 것이다. 부재는 욕망에 최고의 의미를 부여하고 절대적 무의미로부터 벗어나게 해 준다. 인식의 소실점과 마찬가지로, 대상은 끊임없이 목적을 피한다. 왜냐하면 욕망은 오래 지속되기 위해 결국 자신의 부단한 속박을 요구하기 때문이다. 역설적으로 욕망의 조건들을 충족시킨다는 것은 이와 같은 근본적인 불만족을 필요로 한다. 저마다에게 존재하는 힘이, 나타남과 동시에 느껴지는 자극을 받아들이기 위해서는 말이다.

욕망의 목적은, 자신이 스스로에게 목적임을 드러내면서부터 더 이상 수수께끼로 여겨지지 않는다! 모든 욕망은 또 다른 욕망을 추구한다. 바로 그런 이유로 우리는 바라는 것밖에 알 수가 없다. 적어도 모순되고 게다가 부조리해 보이는 것이 실상 인간 욕망의 심오한 성격에 대한 해답을 지니고 있는 것이다.

경기에 빠져드는 즐거움은 경기 결과 그 자체보다 경기 진행 과정과 기대감에서 나타나는 팽팽한 긴장감이 좌우한다. 축구의 목적은 골을 넣었다는 만족감을 훨씬 뛰어넘는다. 단지 자기 팀이 이기는 것을 보기 위해 경기장에 가는 것일까? 단지 승리하려는 목적으로 시합을 하는 것일까? 이것은 우리에게 번식을 목적으로 서로 사랑할 뿐인지 묻는 것과 같다! 그 경우, 실망할 일만 남을 것이다. 섹스에 대해서도, 축구에 대해서도 말이다. 결국은, 삶에 대해서 실망할 수밖에 없을 것이다!

006 노동 le travail
전반 32분

> "여가는 강요된 것이다. 여가가 자신의 명백한 무상성 뒤에 일체의 정신적이며 실체적인 속박을 충실하게 만들어 내고, 그러한 속박이 생산적인 시간과 예속된 일상성의 구속이라는 것을 고려한다면 말이다." 장 보드리야르 《소비의 사회》

레 블뢰 군단은 경기 초반에 점수를 냈지만, 결코 경기를 장악하지 못했다. 그들은 적극적인 이탈리아에 지배 당했다. 이탈리아 선수들은 효과적인 플레이 대신 품위 있는 축구를 했다. 이탈리아 선수들은 중원을 맡아 경기를 주도하는 피를로에게 체계적으로 의존하며 경기를 풀어나갔다. 주도권을 쥔 선수들은 오픈 플레이(공을 길게 차서 선수들이 모이지 않는 곳으로 플레이 범위를 넓히는 전술)와 자로 잰 듯한 정확한 패스에 능했고, 이는 상대 선수들에게 큰 위협이 되었다.

아주리 군단은 뛰어난 조직력을 바탕으로 프랑스 선수들이 공을 차지할 수 없게 만들었다. 프랑스 선수들은 상대방이 이동하면서 생긴 빈자리를 메우는 수밖에 없었고, 우선적으로 방어에 치중했다. 그것은 공을 빼앗기고 죽을힘을 다해 뒤쫓아 가지 않기 위해 취할 수 있는 유일한 해결책이었다. 프랑스는 이탈리아의 지배력에 맞서 경기의 흐름을 뒤바꿀 기회를 기다리면서 몸을 움츠려야만 했다. 프랑스 선수들은 흔히 있을 법하지만 썩 유쾌하지 않고, 경기가 임무로 바뀌는 상황을 겪게 되었다. 그들은 상대 팀의 뛰어난 능력 탓에 모든 주도권을 빼앗기고 흔히 말하듯이 "직업에 종사"할 수밖에 없는 궁지에 몰렸다. 프랑스 선수들은 희생과 용기가 필요하며 성과는 없는 방어 임무에 치중해야만 했다. 각 선수들은 자신의 위치에 신경 써야만 했고, 동료의 빈자리를 그때그때 채우기 위해 뛰어가야 했으며, 공을 소유한 사람을 집요하게 공격해야 했다. 간단히 말해, 수세적 시합의 근본적인 요구에 성실하게 따라야만 했다. 알프스 너머의 폭풍우가 지나가기를 기다리면서 말이다. 그래서 보통 때는 상대 진영에서 고립되어 혼자 서 있던 공격수조차 첫 번째 수비수로 변하여 상대 수비수들과 오르락내리락 뛰어다녔다. 상대 공격의 싹을 자르기 위해서 말이다.

앙리는 공을 따라다니느라 기진맥진한 듯 보였지만 결코 공을 가로채지 못했다. 하지만 그는 진짜 노동을 한 셈이고, 그 가치는 팀 전체를 위해 골 점유율을 높이고자 하는 차원에서 평가되었다. 축구의 유희적 측면은 사라지고 축구가 느닷없이 노동으로 바뀌는 반복적 노역이 되고만 것이다. 음계를 연습하는 음악가처럼 선수들은 축구의 기본적인 기술 절차를 반복했고, 훈련에서 익힌 동선을 계속 이어 갔으며, 경기 전에 내려진 지시를 떠올리며 자신들의 자리를 바로 잡아 갔다.

유희와 일을 결합시키는 것은 축구가 프로 스포츠임을 고려하더라도 여전히 놀라운 일이다. 축구 선수가 공을 쫓아 가거나 패스를 하는 것을 일이라고 말할 수 있을까? 운동과 일의 결합은 은유적인 어법에 속한다(선수들은 중노동을 한다고도 표현한다). 마찬가지로 화가는 캔버스 위에서 작업을 하거나 육체적 의미에서의 노동으로 나타나는 작품 활동을 한다. 사실인즉 우리는 일을 생산 활동과 동일시하고 있다. 상업석 가치를 얻을 수 있는 재화 혹은 서비스를 만들어 내는 생산 활동 말이다. 수고는 에너지의 소모와 수단의 동원을 요구한다. 일차 재료(석유, 소프트웨어 등)를 변화시켜 그것에 가치를 부여하기 위해서 말이다. 달리 말하자면, 이 같은 정의는 우리의 타고난 직관을 강화해 준다. 이러한 직관에 따르면 선수는 오직 노동으로 상징되거나 은유 되는 활동만을 한다. 일요일에 산책을 즐기는 사람이 온종일 걷고 난 다음 다리 운동 잘했다고 스스로 기뻐하듯이 말이다.

활동은 어떤 조건에서 노동이 되는가?

이따금 경기 수준이 한심하다거나 선수의 실력이 형편없다고 생각되면 관중들은 "돈이 아깝다!"라고 고함을 친다. 이상하게도 바로 그 순간에 관중들은 선수들이 최선을 다하지 않는다고 평가하며, 그들이 다른 사람들처럼 돈을 받는 봉급생활자라고 생각한다! 농담조나 지나가는 말로 흔히 표현하는 돈이 아깝다는 말은 노동과 프로 스포츠 사이에 존재하는 성격의 모호성을 나타낸다. 선수가 맡은 바 일을 잘하는 한 그는 예술가로 간주된다. 그의 재능이나 천재성만으로 돈이라는 저급한 문제를 떠나 특별한 고려가 필요한 예외적인 존재 말이다. 하지만 그가 자신의 일에 태만할 경우, 우리는 그가 돈의 가치만큼 충분히 일하고 있지 않다는 사실을 분명하게 지적할 것이다. 따라서 경기장에서의 소음은 우리가 내린 첫 번째 평가를 오히려 반박하고 있다. 즉 선수는 노동 계약서를 가지고 있기 때문에 노동자의 범주에 속한다는 것 말이다. 노동 계약서의 조항은 노동 시장에서 그의 가치에 따라 달라질 것이고, 그 내용은 선수 노동조합이 집단 규약에 토대를 두고 맺는 이해관계를 나타낸다. 특히 노동 계약서는 선수가 받게 되는 자신의

보수에 대한 의무사항을 명시하고 있다. 요약하자면, 프로 축구의 경우 서비스 산출의 대가로 돈이 지불된다는 것이다.

"따라서 노동은 하나의 상품이며 그 소유자인 봉급생활자는 그 상품을 자본가에게 판다. 왜 그는 상품을 파는가? 먹고살기 위해서이다." 마르크스 《자본》

그렇지만 말이다! 세상 사람들이 원하는 플레이를 하기 위해 하루에 한두 번 훈련을 하고, 주말에는 시합을 하며, 풍족하게 급여를 받으면서 충분한 휴식을 누리는 생활을(금전이든 물건이든 인기에 따른 온갖 특혜를 고려하지 않은 채 말이다) 생각하기 어렵다면, 거기에서 바로 당신이 생각하는 진정한 노동의 개념이 드러나게 된다. 우리가 기꺼이 떨쳐 버리고자 하는 구속의 개념을 연상시키는 관념으로서의 노동 말이다.

"생활비를 벌다(먹기 위해 산다)"라는 말은 선택의 여지가 없을 때 쓰는 표현이다. 그러나 어떤 축구 선수도 로또에 당첨되었다고 해서 당장 축구를 그만두지는 않을 것이다. 물론 그에게 있어 소위 생계 수단은 더욱더 여가에 가까워지고 심심풀이가 될 테지만 말이다. 프랑스어의 '일하다' 라는 동사 'travailler' 는 'tripaliare' 라는 라틴어에서 나왔으며, 'trepalium이라는 도구로 고문하거나 고통을 주다' 라는 뜻을 가지고 있음을 기억하자. 언론사 기자가 30세를 훌쩍 넘긴, 은퇴를 고려할 나이인 운동선수에게 질문하면, 그는 보통 이런 대답을 한다. 자신이 훈련을 하러 가면서 일하러 간다는 생각이 드는 순간 선수 경력을 끝내게 될 것이라고 말이다. 따라서 그는 운동이 노동이 되는 순간 일을 멈출 것이다.

축구는 전통적으로 여가와 관련 깊은 모든 특징을 보여 준다. 즉 이 활동은 시간을 좀먹는 일이 아니다. 또한 열정의 대상을 위해 살 수 있게 하고 기쁨과 환희를 준다. 마지막으로 중요한 것은, 축구에서의 모든 활동은 방송 중계권이나 협찬 계약과 같은 일체의 생산과 무관한 소득을 부지불식간에 만들어 낸다. 게다가 다른 많은 노동자들과는 달리 선수는 결과에 책임을 지지 않는다. 즉 승리하면 수당을 지급 받지만 패배했다고 월급을 떼이거나 하지는 않는다. 본질적으로 불확실하고 예측 불가능한 운동 경기를 생산성이나 수익성의 기준으로 판단하는 것은 당찮은 일이다. 사용 가치와 (재능에서 비롯된 실력에 토대를 둔) 교환 가치를 어떻게 동시에 평가할 것인가? 그렇지만 우리는 선수들의 상업적 가치를 어떻게든 끊임없이 평가하려 한다. 도대체 왜 그럴까?

논의를 진전시키기 위해 한 가지 가정을 해보자. 이 같은 모순은 자의적인 이중의 일반화에 원인이 있지 않을까? '일 = 급여 생활 = 생산'이라는 도식과, 서로 떨어진 두 분야 사이의 계약 관계로 정의하는 노동에 대한 우회적인 개념화 말이다. 일의 형태와 최근에 일어난 그 형태의 변형을 들여다보면, 생산/급여라는 한 쌍의 기준을 통해 일과 일이 아닌 것을 서로 구분할 수 있게 된다. 우리는 임금 제도의 고전적 모습들이 분열되는 시대를 살아가고 있다. 일에 대한 판단을 복잡하게 만드는 시대 말이다. 왜냐하면 이 시대는 일을 더욱더 보이지 않게 만들기 때문이다. 재택근무, 생산의 지역 편중 해소(많은 기업들을 공장 없는 회사로 만드는 것 말이다), 정보와 지식에 토대를 둔 서비스 경제의 출현, 그 밖에 수많은 요인들이 우리의 통상적인 분류를 뒤죽박죽으로 만들고 있다. 운동선수의 경우도 예외는 아니다. 고용주인 동시에 예술

제작자인 웹 에이전시의 책임자가 자택에서 프리랜서로 일하면서 인도에 있는 하청업자에게 정보 프로그래밍 작업을 맡기는 일 역시 같은 종류의 어려운 문제를 야기한다.

"결정된 생산 방식 혹은 산업 단계는 결정된 협력 방식 혹은 사회적 단계와 항상 관련되어 있다." 마르크스, 엥겔스 《독일 이데올로기》

노동을 정의하는 것은 개인과 특별한 활동 사이에 존재하는 독특한 관계의 관찰을 포기하고 노동을 전체 사회의 시각에 맞게 고려하도록, 즉 노동을 전체 사회의 행위로 간주하도록 분명히 요구한다. 그것은 노동자의 자질이 '자기 영역'에서 자기 고유의 일로써 행하는 활동에 달린 것이 아니라, 그러한 활동을 함으로써 노동 조직과 노동 분업이라는 사회적 체계의 범주 안에 소속되는 방식에 달려 있음을 의미한다. 노동의 형식은 그것이 물질적이든 아니든 변형이 가능하지만, 노동은 또한 사회적 관계로서 정의된다. 예를 들면 봉급생활은 부의 차이에 토대를 둔 노동의 관계를 의미한다. 즉 사유지를 인정하고, 생산 수단의 소유자와 잠재적 봉급생활자와의 관계의 체계화를 보증하는, 사회가 허용하는 부의 차이 말이다. 또 다른 중요한 사실은, 노동에 대한 인정은 또한 사회적 가치 부여에 달려 있다는 점이다. 즉 노동에 대한 인정이 우선 경제적 가치에 근거를 두고 있다 해도 각각의 활동은 많든 적든 사회적으로 도덕적이거나 실존적인 의미에서 평가되기도 한다. 예를 들면 아이를 기르는 일은 오랫동안 완전한 활동으로 인정받지 못했고, 다만 기쁨을 주는 일 정도로 간주되었다. 현대 사회에서 가장 높이 평가받는 직업들은 종종 역설적이게도 노역의 중요성이 사라진 것처럼 보이는 직업

노동은 필연적으로 놀이와 반대되는 개념인가?

들, 예를 들어 창작자, 광고인, 예술가, 운동선수 등이다. 불과 얼마 전까지만 해도 누구도 그들이 하는 일을 직업으로 간주하지 않았다.

이와 같은 사실을 기준으로, 프로 축구 선수는 미래에 있어서의 노동의 관계를 앞서 보여 주며, 재화를 생산하는 것 이상의 서비스 혹은 능력을 제공한다. 이렇게 본다면 처음의 상황은 뒤바뀐다. 처음에는 아주 특별한 경우를 두고 노동이라고 말하는 견해에 대해 의심할 수 있었으나, 놀이와 일 사이의 전통적인 구분을 뒤엎는 변화의 (물론 대단히 특권이 있는) 발판이 존재했을 수도 있다. 노동의 불가피한 쇠퇴에 직면하여, 경제학자들은 부의 분배가 더 이상 일의 분배로 이어지지는 않을 것임을 예상하지 못했는가? 또한 노동이 중심을 차지하고 있던 지금까지의 사회적 영역이 유래 없이 재형성될 것임을 예상하지 못했는가?

직업적인 영역에서 요구되던 커뮤니케이션 기술(PDA, 스마트폰 등)이 대량 유입됨에 따라, 이제는 일이 여가와 관련되기보다는 여가가 일과 관련을 맺게 되었다. 가정에서의 초과 근무가 일반화됨으로써 사무실이 은밀하게 가정을 차지하게 되었다. 일과 관련된 생산성이라는 규범이 우리의 자유 시간을 방해하였고 여가 활동의 직업화를 초래했다. 생산성이 스스로의 자리를 보존하고 강화시키기에 이른 것이다. 마치 그 자체가 도구인 것처럼 혹은 지키거나 이익을 남겨야 할 자금인 것처럼 말이다. 무언가를 해야만 하고, 절대적으로 몰두해야만 하며, 자신의 재능을 개발해야 하고, 움직여야만 한다……. 별다른 소신이 없다면 당국이 불안정한 경제적 성장을 유지하기 위해 우리로 하여금 일요일마다 소비를 하도록 부추긴다고 해도 상관없으니 말이다!

일하는 시간의 축소는 우리를 규범적인 시간에서 벗어나게 해 준다. 우리가 돈을 쓰고 활동함으로써 집단에게 유용한 시간으로 곧장 바꾸어 놓으려고 하는 그런 시간 말이다. 반면에 소비의 완전한 형태인 여가는 일을 늘어나게 한다. 여가가 일과 서로 대립하는 것보다 훨씬 더 많이 말이다.

이 같은 새로운 요소들에 비추어 최초의 질문은 매우 다른 관점의 대상이 되었다. 처음에는 명백하다고 생각되었지만 사실 축구 선수들은 우리와 마찬가지로, 어쩌면 앞으로도 줄곧 일을 할 것이다. 영양 섭취, 휴식, 타인과의 관계, 의사소통……. 요즘에는 선수의 컨디션과 이미지 관리의 필요성 등으로 소위 말하는 자유 시간까지도 과학적으로 설계되고 있다. 운동선수들에게 그들이 어디에 있어야 하는지 그리고 그들이 관리 당국에 어떤 태도를 취해야 할지 항상 주지하도록 만드는 도핑 반대 투쟁의 규약에 대해서는 더 이상 언급하지 않더라도 말이다. 그것으로부터 선수를 노예로 만들려고 한다면 단 한 사람도 남아나지 않을 것이다!

프로 스포츠는 분명 육체와 정신을 격하게 사용한다. 따라서 우리는 급여 총액이 높은 사람을 더욱더 노동자로 생각하지 않게 되는 역설적 환상에 사로잡힐 필요는 없다. 그 같은 환상은 우리가 단어의 어원적 기원과 노동의 특별한 기준을 수고와 노역으로 보는 관념에 무의식적으로 집착하고 있음을 드러낸다. 그런데 전통적 생산이라는 틀의 유연화가 반드시 노동 시간의 축소로 이어지거나 구속에서 해방된 개인의 실현이라는 선택된 활동으로 연결되는 것은 아니다. 요즘 축구의 발전을 지켜보면 상당히 거리가 있는 이야기이다. 생산물이자 동시에 생산자인 프로 선수는 앞으로 더욱 엔터테인먼트 산업의 중심이 될 것이다. 이 산업의 진앙은 경영자들의 바람에 따라 거대한 상업적 복합 공간으로 바뀐 경기장이 될 것이기 때문이다.

007 의식과 주체 La conscience et le sujet
전반 40분

> "자신의 표상 안에서 자아를 소유하는 것, 그 힘은 인간을 지상에 살아 있는 다른 모든 존재들 이상으로 무한히 고양시킨다. 그 때문에 그는 사람이다." 임마누엘 칸트 《순수이성비판》

하프타임이 가까워오자 경기의 리듬이 갑자기 둔해졌다. 두 팀 선수들 모두 동점에 만족했고, 휴식 시간 전에 굳이 위험을 무릅쓰고 싶지 않았다. 프랑스 선수들은 잘 버텨 냈다. 그들은 요란한 출발 이후 이탈리아 선수들과의 대결에서 빠른 속도와 신체적 충돌을 견뎌 내야 했다. 비록 알프스 너머에서 온 선수들이 위험한 행동으로 프리킥을 얻어 내기는 했지만 말이다. 어쨌든 우리는 후하게 보자면 별 문제없이 킥오프가 시작된 훌륭한 결승전을 보고 있다.

단 한 명의 선수만이 자신의 경기 수준을 다른 선수들의 수준으로 끌어올리는 데 어려움을 겪는 것 같았다. 후방 왼쪽 측면을 맡은 에릭 아비달은 수비에 나설 때마다 근심스러울 정도로 극도의 흥분을 나타냈다. 부정확한 패스, 불안한 위치 선정, 공을 처리하거나 오프사이드 트랩을 쓰기 위해 동료들과 줄을 서는 데 있어서의 우유부단함…… 신뢰를 잃은 선수에게서 보이는 이와 같은 모든 태도들이 고스란히 드러났다! 그는 신인 선수처럼 자신의 공간에서 종종 어찌할 바를 모르는 듯 보였다. 자기 자리를 알고 있지만 쓸데없이 뛰어다니느라 시간을 허비하는 선수처럼 말이다. 그는 무겁고 부자연스러운 몸으로 상대방과 마주한 채 괴로워했다. 그 모습은 그의 명성을 보여 주는 신상 기록과는 상당한 거리가 있었다. 틀림없이 그는 자신의 일생에서 월드컵 결승전이 갖는 의미에 비추어 볼 때 있을 법도 한 신경질적인 긴장을 드러낸 것이다. 그는 곧 15분간의 휴식 시간을 통해 다시 몸을 추스르고 불안에서 벗어날 것이다. 몸속에서 시작되어 킥오프 순간에 느닷없이 두 다리로 내려온 불안 말이다. 라커룸에서 한데 뭉쳐진 힘을 얻고, 눈길을 건네거나 어깨를 툭 치고 귓속말을 나누는 등 동료들로부터 격려를 받을 수 있는, 15분이라는 시간은 그에 대한 동료들의 지지를 나타낸다.

프랑스가 다시 한 번 과거의 영광을 재현하려는 이 시점에, 비록 그가 고백하지는 않겠지만 그에게 다리에 힘이 빠지는 증상이 나타났다고 해서 그의 둔한 움직임이 용서되는 것은 아니다. 그러나 경기장에서 일어난 역사는 아비달이 '질주하는 다리'로 다시 잔디 위를 달리고 곧이어 아주 뛰어나게 활약한 모습을 잊지 못할 것이다.

하프타임 도중에 아비달이 겪은 어려움을 어떻게 해석할 것인가? 그 어려움들은 주의력 결핍을, 아니면 정반대로 사람을 무력화시키는 지나친 집중력을 나타내는가? 후자의 경우, 목적을 앞에 두고 격화된 의식 때문에 그는 '경기에 참여' 하지 못한 것이다. 그는 그곳에 있으면서도 그곳에 없는 셈이다. 너무나 현장에 있기를 바랐지만 역사의 현장을 체험하지 못한 것과 같다. 그는 과도한 의식 상태에 사로잡혔고 경기의 중요성에 몰두했다. 지구촌 각지에서 몰려와 그의 역할, 일거수일투족까지 유심히 살피는 수많은 관중들을 떠올렸다. 이번엔 공이 자신에게 올 때마다 최선의 경우는 협력 수비를, 최악의 경우는 영웅이 되거나 남은 일생 동안 역적이 되게 만들 위험도가 높은 수비를 떠올렸다.

"사고는 나에게 속한 속성이다. 즉 사고만이 자아에게서 떨어져 나가지 않는다." 데카르트 《형이상학적 성찰》

사실 이 수비수는 일종의 인격 분열로 괴로웠다. 다시 말해 그는 자신의 플레이에 집중하면 할수록 자신의 일에서 점점 더 멀어지게 되었다. 현실과 만나려고 애쓸수록 현실과 멀어지는 것이다. 그는 시합에 대한 의식과 시합 자체, 그 사이에 있는 아주 작지만 돌이키기 어려운 틈 속에서 꼼짝달싹하지 못했다. 그래서 아비달은 경기에 집중하기 위해 '머리를 비우고' 더 이상 아무것도 생각하지 않으려고 노력했다. 그는 자기 자신에게 다짐하며 최후통첩을 하기에 이르렀다. "경기를 하자. 이제 이런저런 생각은 그만두자", "자, 이제 이 공은 내 거다. 내게 주어진 거야", "네 일을 해야 돼. 그 밖에 다른 일은 잊어야 해."

하지만 뜻대로 되지 않았다. 이 선수는 시합의 목적과 주변 여건을 잊어버리기 위해 오히려 끊임없이 그것을 생각해야만 했다. 그가 자기 자신에게 내린 명령 하나하나는 악순환이 되어 그를 꾸준히 자신의 생각으로 되돌아오게 만들었다. 집중하려고 했지만 그가 다시 빠져드는 것은 항상 자기 자신이었다. 그의 의식은, 자신을 경기장이라는 구체적인 현실에 묶어 두고 그 사실에 몰두하게 만들기 위해 노력을 기울일 수 있도록 둘로 나뉘었다.

사실 배경으로서의 자의식 없이 대상의 즉각적인 의식이란 없다. 이러한 사실은, 무대의 전면에 반영된 의식을 돌아오게 하지 않은 채 즉각적 의식으로 돌아가기를 바라는 것의 불가능성을 설명해 준다. 아독 선장(벨기에 작가 에르제의 장편 만화 시리즈《땡땡의 모험》에 나오는 주요 등장인물이다)의 손가락에 붙어 있는 스카치테이프 조각처럼, 아비달은 그가 피하려는 것과 자신을 함께 끌고 갔다.

의식은 자아와 자아 사이에 거리를 만들기 때문에 주체와 주체가 만드는 것 사이의 거리를 지켜내기도 한다. 바로 이 같은 이유 때문에 인간은 행위를 수행하고 이와 달리 동물은 어느 정도 반사적이거나 본능적인 반응 혹은 반작용을 할 뿐이다. 그렇지만 여기서 확인한 것처럼 행동하는 의식은 행동 그 자체를 불확실하게 만든다. 의식이 행동 발생의 조건이자 장애가 되는 이상한 역설이다. 그렇다면 제대로 행동하기 위해서는 무의식의 상태에 빠져들어야만 할까? 자전거(혹은 수영)를 배울 때의 경험이 이를 증명한다. 즉 우리는 명령을 잊어버리고 "자전거를 타는 중이다"라고 더 이상 생각하지 않는 바로 그 순간에 자전거를 탈 수 있게 된다! 하지만, 의식의 모든 상태는 필연적으로 자의식을 포함하고 있지 않은가? 그런데 스스

"그렇다면 나는 무엇인가?…… 의심하는 것, 생각하는 것, 긍정하는 것, 부정하는 것, 바라는 것, 바라지 않는 것……. 그것은 본래 너무나 분명해서 의심하는 것, 이해하는 것, 그것을 설명하기 위해 여기서 다른 아무것도 필요로 하지 않기를, 바라는 것은 바로 자아이다." 데카르트 《형이상학적 성찰》

로를 어느 정도 자각하고자 하는 일이 불가능한가?

의식에서 정도의 개념은 아무런 의미도 없다. 왜냐하면 알랭(프랑스의 철학자이자 평론가이며 본명은 에밀 샤르티에이다. 문학 · 미술 · 종교 · 역사 · 교육 · 정치 등에 관한 어록 형식의 글을 주로 썼다)이 단언하듯이, "성찰 없는 의식은 성찰할 때만 나타나기 때문이다. 말하자면 약한 의식은 단지 고도의 의식 속에서만 하나의 사실인 것이다." 휴식의 경우를 예로 들자면, 분명히 구분되는 깨어 있음과 수면의 두 상태만이 존재한다. 만일 '잠들기' 가 상당수의 단계를 포함하는 생리적인 과정이라면, 우리는 그 과정을 심리적으로 체험하지 못한다. 거기에 바로 불면증의 참기 어려운 특징이 있는 것이다. 아무리 피곤해도 결코 잠을 이루게 하지 않는다. 정말 잠들 수 없을 정도로 말이다. 자의식은 우리가 잠이 든다고 해서 소멸하지 않는다. 그런데 우리는 오래 지속되는 깨어 있는 상태에 직면하여 수면으로 이어지는 변화의 신호들을 엿보게 된다. 그렇게 우리는 수면에서 더욱더 멀어지게 될 뿐인데 말이다!

의식과 무의식 사이의 일치는 결국, 우리를 세상과 묶어 두는 것은 동시에 우리를 변함없이 세상과 멀어지게 하는 것이라고 단언한다. 이 모순은 너무나 커서 충분히 의심을 불러일으킬 만하지 않은가?

모든 의식은 필연적으로 자의식이 아닌가?

우리는 의식을 불러일으킬 때, 우선적으로 사물과 자신과의 명백한 관계로서 생각해 본다. 우리가 쓰는 표현들이 시각의 테마에 관한 프레그넌스(지각, 기억에 대한 강한 호소력)를 증명해 준다. 즉 우리는, "나는 미래를 낙관적으로 '본다'", "나는 네가 말하고자 하는 것을 '알아차린다'", "나는 그 생각을 마음속으로 '그려 본다'" 등의 표현을 사용한다. 무대 뒤에 처져 있거나 무대 위에서 구경꾼의 위치에 있는 정신이 사물을 향해 보내는 하나의 시선, 마치 의식은 이와 유사해 보인다. 세계로부터 독립적으로 존재하고 바로 그 순간에 주위를 둘러보기 위해 눈을 뜨려고 하는 시선, 그렇게 의식은 일종의 시선을 일깨운다. 언어가 이끄는 이 같은 공동의 표상表象은 의식에 대해 사물의 논리를 지니고 있다. 즉 보기 위해서는 눈이 있어야 하고 따라서 눈은 시각에 선행하는 것이다! 이제부터 철학은 너무나 분명한 명백함과 언어적 관례에 대해 의심을 품기 시작한다. 틀림없이 이러한 시각의 모델과 (시각에 관한) 의식의 암암리의 개념은, 아비달의 경우에 나타난 논리적 난점(궁지)의 생성과 깊은 관련이 있을 것이다…….

의식을 대상 쪽으로 향하면서도 줄곧 자기 자신을 향하는 시선으로 생각하는 것은, 한편으로 자아와 세계가 본래 서로 분리된 존재임을 전제로 한다. 그러면서 주체는 객체의 세계와 관례적으로 결부된 특징들을 은연중 자기 몫으로 받아들인다. 일반적으로 사물에 대한 관념, 즉 객관성이 수반되는 결정 혹은 특성을 받아들인다는 것이다. 또한 생각하는 주체를 어떤 실체와 동일시하고, 공간과 시간처럼 일련의 영속적인 속성으로 정의되는 개별적이고 지속적인 어떤 것과 동일시하기도 한다. 우리가 말하는 방식은 의식과 사물 사이의 혼동을 나타내며, 객관성의 범주를 주관적인 삶으로 몰아가도록 부추긴다. 특히 우리가, 양심(의식)의 가책, 양심(의식)의 상실, 혹은 관용적 표현인 "양심(의식)에 거리끼는 것이 없다" 등 의식과 관련된 관념을 쓰며 자신을 사물처

럼 자기 자신과 결부시키는 경우에 말이다.

이제 우리는 의식의 사물화 혹은 물체화에 대해 이야기할 것이다. 그것은 철학자이자 황제였던 마르쿠스 아우렐리우스가 거론한 바 있는 '내적 보루' 처럼 될 것이다(스토아 철학에 심취했던 마르쿠스 아우렐리우스는 그의 저서《명상록》에서 사물이 뛰어넘을 수 없는 경계를 자유의 침범할 수 없는 아성이라는 뜻의 '내적 보루' 로 설명한 바 있다. 또한 사물이 우리에게 다가오는 것이 아니라 바로 우리가 사물을 다루고 개입하는 것이라고 말했다).

의식이 세계와 다시 만나는 일이 불가능해진 것은 우리가 그 대상들을 서로가 뛰어넘을 수 없는, 마주보는 위치에 이미 배치시켰기 때문이 아닐까? 하지만 자의식이 시선을 어느 방향으로 두든지 간에, 그 의식은 개념, 지각, 감각 혹은 심리적인 상태 등을 만날 뿐이다. 요컨대 의식은 감각이 있고 지각할 수 있거나 이해될 수 있는 대상(개념, 표상 등)과 만나게 되지만, 그 대상은 의식을 지니고 있는 타인으로부터 떨어져 자리 잡고 있는, 일종의 내적 자아의 어떤 흔적도 지니고 있지 않다. 따라서 우리는 엄밀한 의미에서 그것을 결코 체험하지 못한다. 물론 정신의 삶은, '자기성'(自己性, 타인과 자신을 구별해 주는 그 자체만의 성질)이 특징짓는 의식 상태의 지속적 흐름과(즉 '나의' 상태라고 할 때처럼 일인칭으로 체험되는 의식 상태) '자기 반성성' 혹은 자기 자신과 관계를 맺는 능력 등과 마찬가지로 전개된다. 하지만 이 같은 증명이, 의식을 지니고 있는 타자와는 다른 대상(객체)

을 통해 (우리가 자아의 특징을 규정짓는 상당한 성향이 있듯이) 의식이 의식 자체에 직접 도달한다는 단언을 받아들이는 것은 아니다. 이 같은 성향, 즉 '나'라는 자의식을 중심으로 대상을 지각하는 성향은 '나는', '나'와 같은 일인칭 문법의 사용에 따른 선입관과 언어를 사용하는 사회적 관습의 틀에서 비롯되었다. 그것은 일상생활의 틀 속에서 각자에게 개체성과, 사회적·법률적 인정의 조건인 고유한 책임을 부여한다. 또한 그 성향은, 일반적으로 대상을 직접적으로 의식하는 것과 대상을 지각함으로써 자기 자신을 보는 반성적 의식 사이의 구분이 현실에 부합한다는 생각을 믿게 한다. 그것이 추상적인 분석, 즉 현실과 조금도 부합하지 않는 순수하게 정신적인 분리의 표시를 나타낼 뿐인데도 말이다. 처음부터 둘로 나누어진 의식은 이처럼 자기 자신에게 영원히 장애물이 되어 자신과의 관계 속으로 빠져들 위험이 있다. 모든 창들이 거울을 향하고 있는 방 안에 있었던 의식처럼 말이다!

이 같은 지적을 고려할 때 아비달의 경우와 관련된 최초의 질문, "의식은 세계로 나아가기 위해 어떻게 자기 자신으로부터 벗어나는 데 성공하는가?”는 이제 모든 측면에서 잘못 제기된 문제임을 알 수 있다. 의식은 세계와 다시 만날 필요가 없다. 의식이 애초에 세계를 떠난 적이 없다는 단순하면서도 그럴 만한 이유가 있으니 말이다! 에드문트 후설 역시 아래와 같이 줄기차게 말한다.

> “일반적으로 의식의 모든 상태는 그것 자체로서 어떤 것의 의식이며, 어쨌든 그 대상과 내가 행한 어떤 회피의 실재로서의 의식이고 (……) 그 존재의 위치에서의 의식이다.”

의식은 본래 열림(시작)으로써 특징지어진다. 그 존재는 자신이 세계와 맺는 관계에 선행하지 못한다. 의식의 나타남은 대상(객체)의 나타남과 일치하고, 대상과 더불어 단번에 상호성의 관계 속으로 들어간다. 더 나아가 우리는 보기 위해서는 눈이 필요하다고 말하지만, 빛이 없으면 눈은 아무것도 아니다! 의식을 사물로서가 아닌 행위로서 고려해 보면, 거기에 바로 그 핵심이 있다. 그것은 우리를 주관성과 객관성 사이, 암암리에 존재하는 혼합물과 관련된 일체의 어려움에서 벗어나게 해 줄 것이다!

“내가 스스로 자아라고 부르는 것 안에 가장 내밀하게 스며들 때, 나는 특유한 지각 혹은 또 다른 지각과 항상 부딪친다. 즉 따뜻하거나 차갑고, 빛이거나 그림자이고, 사랑이거나 증오이고, 고통이거나 즐거움 말이다. (……) 만일 누군가가 진지하고 공정한 성찰을 한 다음 자기 자신에 대해 다른 지각을 한다면, 내가 고백해야만 하건데 나는 그와 더 이상 대화가 통하지 않을 것이다.” 데이비드 흄 《인간 본성에 관한 논고》

“의식과 세계는 동시에 주어진다. 본래 의식의 바깥에 있는 세계는 본래 의식과 관련되어 있다.” 사르트르 《상황》

왜 아비달은 경기에 완전히 몰두해 벗어날 수 없었는가? 정신을 되찾기 위한 시간이 정말 없었던 것일까? 애초에 그는 그 사건(경기)과 '맞닥트릴' 필요가 없었다. 어떤 관점에서 보면 그가 바로 사건이다. 의식을 향해 후퇴하거나 철수, 피난하게 될 어떤 가능성도 없다. 그가 경기장 어디에 있든, 공이 그에게서 가까이 있든 혹은 멀리 있든, 경기는 그에게 모든 육체적, 정신적 힘을 계속적으로 동원할 것을 요구한다. 그는 결정하고 행동하는 일을 피할 수 없다. 자기 차례를 건너뛰거나 움직이지 않기 위해 변명할 수도 없다. 예외적인 상황으로 인해 아비달은 의식하는 모든 주체가 체험하는 비극을 극단적인 방식으로 경험한다.

나는 나 자신에 대해 객체일 수 있는가? 자유로울 선택권이 있는가?

의식은 세계와 사물을 향해 있는 초월성이기 때문에 인간은 가정된 본래적인 내면성을 뛰어넘어 항상 자기 자신의 밖에 위치한다. 인간은 '존재est하지' 않고, 라틴어 동사 'existere'의 어원에 가장 부합하는 의미에서 보면, '밖에 있는existe' 것이다.

모든 의식은 우리가 처음부터 선택하지 않은 현실의 안쪽을 향한다. 그런데 현실은 계획, 선택, 내가 떠맡아야 할 (자발적) 행동 등을 요구하며 단번에 나에게 나타난다. 이러한 관점에서 보면 회피조차도 하나의 행위이다. 이렇듯 인간의 의식은 자기의 것인 주체를 이용할 것인지 아닌지 선택할 수 없는 자유의 역설에 직면하게 만든다. 인간 저마다는 자신의 길을 찾도록 독촉 받고 있다.

아비달은 주체의 드라마를 구현한다. 그의 의식은 세계에서 살아가는 특권과 사물들 안에 자신이 계획한 틀을 도입하려 애씀으로써 자신의 존재에 의미를 부여하는 특권을 스스로에게 부여하였다. 동물이라면 일련의 자극과 유사할 뿐인 어떤 환경 속에서 진화하는 것에 만족했을 텐데 말이다.

하지만 어떤 회피도 비난 받을 만한 반대 의견에 불과하며 인정되지 않는다. 즉 매순간 자신의 행동에 대한 입장을 세우고 대답을 해야만 한다. 따라서 아비달을 꼼짝 못하게 만드는 것은 피할 수 없는 책임을 두고 느끼는 불안일지언정 목적에 대한 두려움은 아니다. 아비달은 공간을 조금이라도 더 차지하려고 자신이 밟고 있는 경기장의 일부가 되기를 바랐고, 사물 자체로서의 대상이 되고 싶었을 것이다. 하지만 그러한 생각을 한다는 사실 자체가 이미 그가 '대자對自' 일 수밖에 없음을 의미한다. 그는 자신의 본성과 결부된 특성으로서의 자유를 소유하지 못했다. 또한 그는 사르트르가 말하는 '우리 존재의 재료 자체' 를 이루는 자유로서 자기 자신을 '직접적으로' 경험하지 못했다. 의식의 경험은 (오, 너무나 어려운) 자유의 경험과 밀접하게 관련되어 있다.

"완전히 한패이면서 벗어나 있는 것, 인간이란 그런 것이다!" 사르트르 《마지막 기회》

하프타임

언어 le langage

008 언어 le langage

하프타임

> "기호들 하나하나는 아무것도 의미하지 않는다. (……) 그들은 무엇을 의미하기보다는 자신과 다른 것과의 의미의 차이를 나타낸다." 메를로 퐁티 《기호》

날카로운 호각 소리가 울려 퍼졌다. 전반전이 끝났다! 큰 함성이 들리는 가운데 선수들은 라커룸으로 가서 치열했던 45분간의 경기 끝에 찾아온 휴식을 취했다. 15분의 휴식 시간. 관중들은 휴식 시간을 이용하여 다리를 풀었다. 많은 사람들이 매점에 모여 그 지역 전통의 샌드위치를 먹었고, 몇몇 사람들은 생리적인 현상을 해결했다. 또 다른 사람들은 자리를 지키고 앉아 경기 프로그램이나 매일 발행되는 스포츠지를 읽으며 그리 눈여겨보지 않았던 팀 구성에 관한 세세한 내용을 확인했다.

흥분된 대화가 경기장 사방에서 들려왔다. 아드레날린의 증가, 놓쳐 버린 기회 때문에 생긴 욕구불만 혹은 후반전을 기다리며 고조되는 흥분 등이 엄청난 말잔치를 만들어 냈다. 이곳저곳에 자유롭게 모여들어 논쟁을 벌이는 사람들은 끊임없이 말을 쏟아 내었다. 사람들은 큰 소리로 말했고 서로에게 욕을 퍼붓기도 했다. 그들은 과장된 손짓을 써가며 전술상의 계획을 이야기하거나 선수들이 했던 동작을 다시 해 보였다. 라디오에서도 마찬가지 상황이 벌어졌다. 청취자들은 벌써부터 경기 상황에 끼어들어 하프타임까지의 경기 수준에 대한 자신들의 생각을 이야기했다. 아나운서와 해설자는 몇 가지 문제를 거론하며 논쟁거리를 제공했고, 그 같은 논쟁이 사람들을 밤늦게까지 라디오 앞에 붙잡아 둘 거라는 은밀한 희망에 고무되었다. 텔레비전에서는 해설자들이 해박한 지식으로 경기를 예측하고 있었다. 그들은 챔피언의 이력을 통해 알게 된 자신들만의 지식을 바탕으로 전술적 선택에 관해, 두 명의 감독이 후반전에 결정하게 될 전술적 변화에 관해 이야기했다. 일반적인 스포츠에 대해, 특히 축구에 대해 아는 것이 없더라도 축구가 어느 누구에게나 이만저만 이야깃거리를 만들어 내는 운동이 아니라는 점은 분명하다.

축구 경기를 하거나 경기를 보면서 느끼는 즐거움에는 거의 필연적으로 경기에 대해 평가하고 싶은 욕망이 뒤따른다. 만일 축구 경기를 보면서 항상 의견 차가 생길 수밖에 없다면 그것은 이 스포츠가 다른 어떤 운동 이상으로 말을 하도록 부추기기 때문이다. 축구 경기가 시작되면 사방에서 축구에 대해 '말하기 시작한다.' 공 대신에 말로 '축구를 다시 하는' 것이다. 흥분해서 논쟁을 벌이는 소리를 듣다 보면, 축구를 좋아하지 않는 사람들은 간혹 집단적 정신착란이나 언어적 실신 상태가 벌어지고 있다는 착각에 빠지게 된다. B출구 G스탠드 바로 아래, 관람석에 모여 있는 얼간이들의 말에 귀를 기울여 보자.

"쥐구멍에서 처박혀 시합을 하다 보면 상대는 엄청난 압박을 가할 것이고 자기 진영에서 빠져나올 수 없지. 그러다 보면 한곳에 처박혀 있을 수밖에 없어. 게다가 오늘 6번 선수는 공을 어디로 차야 하는지도 모른다니까. 공에다 발을 제대로 대지도 못하는 것 같아. 왼쪽 측면 선수를 봐. 말도 마, 하는 동작마다 헤매고 있어. 카모라네시와 토티가 교과서적인 일대일 패스로 저 선수를 가지고 놀잖아. 내가 너한테 '에일 디 피존(aile de pigeon, 프랑스어로 비둘기의 날개라는 의미로 종아리를 뒤로 올려서 발뒤꿈치로 공을 차는 기술을 말한다)' 까지 말해야 할까……."

얼마나 우스꽝스러운 횡설수설인가! 이미 벌어졌고 결과를 바꿀 수 없는 사건에 대해 언급하며 열을 올리는 것이다. 그게 아니면 아무도 더 이상 알 수 없는 일을 예측하려는 것이다. 어떤 사람들은 일찍이 "쓸데없는 말을 한다"라는 표현이 이만큼 잘 맞아 떨어진 경우는 없다고 말할 것이다. 물론 그것을 인정하는 바이지만 그렇다고 해서 그 말이, 우리가 이 같은 종류의 언어의 홍수에서 의미를 파악할 수 없다는 것을 뜻하는가?

우선 우리가 많은 경우에 오직 한 가지 목적, 즉 이야기를 나누는 것 그 자체의 즐거움으로 중요하지 않은 이런저런 이야기를 늘어놓는 경우를 생각해 보자. 그 경우 언어의 실용적인 측면은 한동안 약화되고 만다. 우리는 무엇보다도 우리 정신의 평온함 속에 우선적으로 공들여 만들어진 정보를 소통하려 더 이상 애쓰지 않는다. 또한 우리는 논쟁이 우리를 어디로 이끄는지 모른 채 두서없는 토론을 따라가고 있다. 아주 명백히 '쓸데없는 말' 을 자유롭게 나누는 즐거움을 느끼면서 말이다. 대화의 주제는 우리가 이야기의 골격을 만들어 가고 대화를 나누는 가운데 나타난다. 다만 이야기의 골격을 통해 말 혹은 생각 중 무엇이 다른 하나에 선행하는지 구분하는 일은 불가능하다. '이야기하다', '대화를 나누다', '장황하게 이야기하다' 등의 여러 동사들이 그러한 활동을 나타낸다.

그런데 만일 우리가 알려야 할 무엇인가를 우선적으로 고려하지 않은 채 말을 하게 된다면, 또 다른 관점에서 이는 말 자체의 일반적인 의미에 충실한 것이 된다. 우리는 특별한 것을 말하지 않음으로써 언어의 도구적 기능 및 의사소통이라는 오직 실용적인 모델과의 단절을 받아들인다. 축구와 축구에 대한 논평 사이의 관계는, 즉 '아무것도 말할 게 없다는 것이 말을 뱉어 낸다'는 역설적 사실을 폭로한다. 말을 나누고자 하는 욕구는 메시지를 전하고자 하는 필요성에 앞서 토론을 자극하고, 언어는 그 자체로서의 능숙한 활동이 된다. 말하자면 수다를 떨면서 축제 같은 즐거운 기분을 느끼는 것이다. 말하는 것은 더 이상 수단이 아닌 '그 자체로서의 목적'이 된다.

"우리는 말을 통해서 생각한다. (……) 말은 가장 고귀하고 가장 진실한 존재를 생각할 수 있도록 해 준다." 헤겔 《철학적 학문의 백과사전》

통용되는 또 다른 편견이 있다. 즉 언어는 제삼자를 향해 말하는 사람의 머릿속에 이미 존재하는 사고를 전달하는 행위와 유사하다는 것이다. 이러한 편견은 언어가 메시지를 전하는 역할을 맡는 것으로 충분하며 상대적으로 그 활동 자체는 빈약하다는 일방적인 견해를 드러낸다. 광섬유, 전파, 전화선, 광신호 등 어떤 매체가 되었든지 말이다. 또한 말은 단지 전류의 도체가 되는 금속선처럼 생각을 전하는 중성적 매체에 불과하다는 듯이 말이다. 정말 그렇다면, 우리는 아무것도 말하지 않기 위해서 실제로 결코 말을 하지 않을 것이다. 당연히 그렇다. 하지만 언어는 그것이 전하는 정보 뒤에서 사라질 만한 것이 아니다. 우리는 계속해서 서로 의견을 나눌 여유가 있고, 그것에 만족감을 느끼며, 흔히 말하듯이 다른 세상을 꿈꾸기 때문이다.

다시 귀를 기울여 보자. 활발하게 대화가 이어지고, 상반된 의견들이 오고감에 따라 긴장감도 고조된다. 서로 대결하는 모습으로 설전을 벌이는 것인가? 대화 참가자들은 상대방의 얼굴에 온갖 종류의 의견과 다양한 축구 용어로 이루어진 표현을 쏟아 낸다. 흥분이 절정에 이르면 대화의 주동자들은 정평이 난 견해를 뜻한 대로 말했다는 확신보다 말 자체를 다루는 것에 더 즐거움을 느끼는 것처럼 보인다. 축구에 관한 이야기들은 그것이 기술적인 것이든 그저 다채로운 표현이든, 말 그 자체와 더불어 결코 끊이지 않는 유희가 된다. 그리고 이 경기에서는 누구도 지지 않는다. 왜냐하면 유일한 승자는 언어이기 때문이다!

"저런, 서포터즈들이 이제는 시인이 됐군…… 살다보니 별꼴 다 보겠어!" 혹자들은 이렇게 소리칠지도 모르겠다. 만일 언어의 창조적 사용을 언어를 다듬는 순수한 미학적 작업이나, 말라르메가 시인의 역할에 대해 말한 바 있듯이 "부족의 말에 더욱더 순수한 의미를 되찾아 주는" 새로운 형식의 추구로 한정시킨다면, 이 같은 비교는 사실 좀 엉뚱

해 보일 수 있다. 그렇지만 시적인 언사가 언어의 창의적 힘에 관한 독점권을 소유한 것은 아니다. 즉 모든 미학적 목적과 별개로 말하는 일은 의미를 창조하는 일이다.

"하나의 대상에서 다른 대상으로 이동하는 기호의 성향이 인간 언어의 특징이다." 베르그송 《창조적 진화》

우리는 무언가를 이해하고자 할 때 정확한 의미가 떠오르지 않으면 비교의 방법을 사용하거나 무언가 새로운 것을 찾아내기 위해 친숙한 문맥에서 말의 의미를 옮겨 본다. 그것이 바로 은유를 만들어 내는 방법이다. 다양한 이유로 축구는 말의 은유적 사용을 유발한다. 놀이로서 축구는 언어의 유희적인 연습을 부추긴다. 즉 필드에서 이루어지는 공을 사용하는 운동이 관람석에서의 단어 놀이를 유발하는 것이다. 다른 관점에서 보면 축구는 또 다른 일상의 표현 이상으로 경기의 일부를 이루는 논평의 양산을 촉진시킨다. 영화나 연극처럼 축구는 여가인 동시에 공연이다. 연극 혹은 영화에서처럼, 관객은 가능한 한 가장 정확한 평가를 내릴 수 있는 표현을 찾아내기 위해 언어의 모든 수단을 사용하는 데서 즐거움을 느낀다. 결국 축구라는 활동은 모순된 특징을 두루 갖추고 있는 셈이다. 축구의 작용은 하찮은 행위를 삶 혹은 죽음의 문제로 만들거나 생각을 표현하는 데 있어 개인적이며 집단적인 차원을 뒤섞고 있다. 예를 들면 화자

의 관습적 표현을 곤혹스럽게 만들기 쉬운 차원이 있을 수 있다. 그래서 불가피하게 은유의 수단을 동원하는 것이다. 우리의 창의성을 축구의 창의성의 수준까지 끌어올리기 위해서 말이다.

또 다른 경험 역시 이 같은 사실을 뒷받침한다. 소믈리에나 와인 전문가들은 포도주에 대해 말할 때 은유나 비교를 빈번하게 사용한다. 그들은 와인에 대해 언급하면서 포도나무에 걸맞은 본래적이고 절대적인 고유한 용어를 떠올리지 않는다. 오히려 그들은 온갖 어휘적 뉘앙스를 사용해 이 음료의 시각적이며 동시에 후각적이고 미각적인 경험을 묘사하려 한다. 그러한 감각적 경험이 매번 너무나 풍요롭고 당황스러운 것이어서 식도락에 관한 관습적인 언어로는 그것을 표현하기에 충분하지 않다는 듯이 말이다. 그래서 역설적이게도 겉으로 오직 다른 것에 대해 말함으로써만 '와인을 진정으로 말할' 수 있는 것이다. 초보자는 와인의 빛깔과 향기를 언급한다. 그는 미각에 따라 '메마르다', '마음에 든다', '까다롭다', '떫다' 등의 표현을 써 가며 와인에 대해 이야기할 것이다. 이따금 '견실하다' 거나 '장식적이다' 라고 표현하기도 할 것이다.

음악의 세계는 조금 다르다. 악기의 음색을 나타낼 경우에는 또 다른 감각들(시각, 미각, 후각)과 관련된 표현이 사용된다. 즉 '따뜻한', '부드러운', '날카로운', '생기 있는', '귀를 울리는', '화려한', '무리 없는', '감미로운' 소리 등으로 표현된다.

언어는 말, 사물, 그리고 의미 사이에서 이미 결정된 상응관계에 따라 미리 정해진 특수한 상황과 말을 결합시키는, 의사소통의 단순한 매개물이 아니다. 의미의 이동이나 이전에 해당하는 은유는 단지 (언어적) 장식을 대신하지 않는다. 은유는 표현을 돋보이게 하는 데 만족하지 않으며, 어떤 문맥의 말들을 또 다른 문맥으로 옮겨 가도록 만듦으로써 의미를 가다듬는 작업에 기여한다. 경기에 대한 논평의 사례 덕분에 우리는 밖으로 드러난 표시에 나타난 개념과 의미가 서로 동일하지 않다는 생각을 하게 된다. 즉 불변하는 언어적 규약을 따르는 말로서의 개념 말이다. 의미는 언어의 실행보다 결코 완전히 선재先在하지 않는다. 은유의 역할이 그것을 알려 주듯이 의미는 서로 무관하다고 선험적으로 받아들여진, 두 가지 내용을 지닌 의미가 서로 관계를 맺는 작업 도중에 갑자기 나타난다. 왜냐하면 지금까지는 그 둘을 서로 관련시키는 일에 익숙하지 않았기 때문이다. 골키퍼에 대해, 그가 공격수의 "슛으로 십자가에 못 박혔다"거나, 플레이 메이커의 패스가 "레이저처럼 정확하다"고 말할 때가 바로 그 경우이다. 경기 상황은 말의 일상적이고 진부한 사용을 넘어서도록 이끄는 의사소통 행위를 부추긴다. 또한 상황은 현실을 기준으로 이루어지는 또 다른 양상을 명백하게 설명할 기회를 부여해 준다. 즉 말이 스스로 의미하고자 하는 사물을 목표로 삼을 수 있게 되는 것은 흔히 또 다른 말들을 가리키면서이다. 해박하든 열정적이든, 표현력이 풍부하든 개념적인 것이든, 흥분했든 혹은 냉정했든, 축구에 관한 논평은 말에서 사물로 직접 전해지는 것이 아니라 말들 그 자체를 오가는, 의미가 한쪽으로 치우치는 성향을 보여 준다.

결론을 대신하여 앞에서 인용한 바 있는(103쪽을 보라) 축구에 관한 논평을 다시 한 번 명백히 언급해 보기로 하자. 여러분들은 아래의 예시에서 말에 나타난 유사성과 차이에 주목함으로써 언어의 창조적 힘이 어떻게 새롭게 표현되는지 보게 된다.

"손수건처럼 좁은 곳에서 몰려다니며 플레이를 하다 보면 파도가 밀려오듯이 자기 진영으로 역습을 당할 수도 있지. 그러면 결코 빠져나오지 못해. 그러려고 아주 작정을 했군. 게다가 중간 수비수는 상대를 따라다닐 생각이 없는지 항상 공을 걷어내 버리거든. 그 선수는 말이야, 일을 온통 뒤죽박죽으로 만들어 버리고 어쩔 줄 몰라 하거나 왼쪽 발만 두 개 달렸는지 몸치인 것 같다는 생각이 들어. 측면 선수는 말이야, 걔는 양쪽 골대 사이에서 헤매고 있어. 거시기, 뭐냐, 걔들이 그 선수를 마냥 양쪽에서 정신없게 만들어 혼을 쏙 빼놨거든. 두 번째 골은 일종의 솜브레로 킥(공을 머리 위로 차올려 상대 선수를 제치는 개인기를 말한다)인데 그 선수를 완전히 조롱거리로 만들어 버렸다니까."

여러분들이 보기에 이 인용문은 그저 같은 말을 하는가, 아니면 아주 조금 다르게 말하는가? 물론 이 인용문은 앞선 인용문과 같은 행위를 묘사하고 동일한 표현 구조를 되풀이하며 명제의 순서를 지키고 있다. 하지만 또 다른 은유를 만들어 냄으로써 서로 다른 이미지들이 연결되고 참신한 의미가 (그렇다고 해서 포괄적 의미가 변질되지는 않은 채) 불쑥 나타나는 기회가 생기는 것이다. 여러분들이 판단해 보기 바란다. 자타가 인정하지는 않을 것이다. 그것은 이미 그 자체로서 진전된 가정에 대한 확증의 시작인데 말이다.

후반전

예술 l'art

진실 la vérité

시간 le temps

009 예술 l'art
후반 1분

> "정체성 덕분에 예술은 그 자체로서는 하찮은 대상들을 가치 있게 만든다. 예술은 그 대상들의 무가치함에도 불구하고 그것을 자신의 목적으로 삼음으로써 가치를 드러낸다." 헤겔 《미학》

관중들이 제자리로 돌아오고 선수들도 경기장으로 돌아왔으며 후반전이 시작되려 했다. 후반전은 시작부터 매우 다른 양상을 띠었다. 전반전의 숨 막히는 분위기와는 달리 훨씬 더 여유 있는 경기가 이어졌다. 수비에서 돌파구를 찾고자 한 개별적인 주도권 다툼 때문이었다. 특히 프랑스 진영 공격수들은 우유부단함을 라커룸에 두고 온 것 같았다. 경기 시작 46분, 티에리 앙리는 왼쪽으로 침투하여 상대방 두 명을 제치고 안전하게 공을 패스하는 데 성공했다. 바로 다음에 아비달과 지단이 한쪽 방향으로 기가 막히게 협력 플레이를 하더니, 말루다와 달리던 지단이 발 바깥쪽으로 화려한 방향 전환을 시도하였다. 그 동작은 성공하지 못했다. 그로부터 2분이 지난 50분, 앙리는 이번 월드컵에서 최고의 걸작을 만들어 낼 뻔했다. 그는 이탈리아 골대 오른쪽 40미터 전방에서 공을 받아 누구나 알고 있는, 힘과 우아함이 뒤섞인 그 유명한 빠른 돌파를

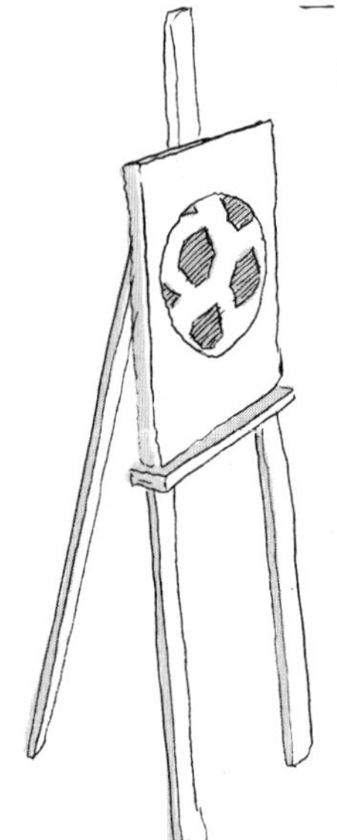

시도한다. 그 움직임은 앙리의 독보적인 트레이드마크였다. 최근에 있었던 속임수로 그의 이미지가 퇴색하기 전까지는 말이다. (2009년 앙리는 아일랜드와의 월드컵 예선에서 핸들링 반칙으로 얻은 결승골로 승리를 거둔 바 있다.) 앙리는 첫 번째 상대를 제치고 두 번째 상대와 마주쳐서는 제자리에서 몸을 반 바퀴 돌려 돌아섰다. 그는 다시 돌파를 시도하면서 기지를 발휘해 밀집 대열 속을 드리블하며 중앙의 말루다에게로 향했지만 잠브로타에게 순식간에 공을 빼앗겼다. 그의 질주는 그저 화려할 따름이었다. 선수는 공을 발에 매단 채 잔디밭 위에 일종의 아라베스크 문양을 그렸다. 조금 상투적이지만, '앙리가 춤을 춘다' 라고 밖에 다른 표현이 없다. 선수들의 예외적인 재능 덕분에 축구는 돌연 예술이 된 것일까?

모든 스포츠는 각 종목에서 대가들이 있고 그 밖에 또 다른 사람들, 즉 헛수고하는 사람, 물이나 떠 주는 사람, 헛된 일을 하는 사람, 간단히 말해서 챔피언을 돋보이게 하거나 선수 역할에 머무는, 보잘 것 없는 사람들이 있다. 그렇다고 해서 이탈리아 사람들이 '푸오리클라세(fuoriclasse, 챔피언 혹은 뛰어난 선수)' 로, 스페인 사람들이 '크락(crack, 도사, 명선수)' 으로 부르는 이 선수들에 대해 논평하는 동안 떠오른 대가(예술가)라는 호칭을 곧이곧대로 받아들여야 하는가? 재능 있는 선수는 작품을 만들지도 인정받는 예술을 하지도 않는다. 오히려 그는 예술가의 지위에 관한 본래의 의미와 비유적 의미 사이의 차이에 대한 솔직한

평가를 뒤흔들 만한 분명한 특징에 집중한다. 축구화를 신은 예술가, 그는 신체적 구속과 발로 하는 시합이 반드시 요구하는 육체적 한계를 이겨내는 사람이다. 피아노의 대가처럼 그는 공이 단지 신체의 일부로 보일 만큼 훌륭하고 능란한 솜씨로 그라운드를 누빈다. 그는 결코 노력하는 것처럼 보이지 않는다. 그는 구속을 능란하게 넘어서기 위해 그것을 극복해 낸다. 원근법을 만들어 1차원의 세계인 평면의 화폭을 넘어선 화가처럼 말이다.

예술 작품은 인간의 다른 모든 생산물과 어떻게 다른가?

테크닉에 이어 흔히 독창적이고, 흉내 낼 수 없는 스타일이 뒤따름으로써 경기장의 가장 높은 곳에 앉은 관중도 공을 잡은 선수를 알아보게 된다. 스타일로 충분한 것이 아니다. 독창성과 참신한 동작을 만들어 내는 능력도 필요하다. 선수가 영감에 사로잡힌다고 해서 그러한 능력이 드러나는 것이 아니니, 그 능력은 더욱더 좋은 평가를 받을 것이다. 경기장에서 불가능한 것, 게다가 위험한 것을 시노하는 이 힘은 기대하지 않은 무언가를 '창조해 내기' 위해 전통적인 전술상의 지시를 벗어나는 능력을 보여 준다. 창조하는 예술가처럼 선수는 규칙 속에 있으면서 규칙에서 자유롭다. 또한 그는 예술가처럼 자기 자신을 위한 특별한 '목적을 두지 않고' 시합에 대한 단순한 사랑에서 훌륭한 동작을 추구한다. 그는 항상 사람을 놀라게 하며 즐거움을 준다. 이따금 의도하지 않은 채 자신의 운동에 새로운 의미를 부여하고 '추종자'를 만들어 낸다. 그래서 그의 이력은 경기의 발전에 있어 과거와 미래에 큰 족적을 남기게 된다. 다른 사람들이 아직 보지 못했거나 결코 보지 못할 것을, 마치 그가 보았듯이 말이다…….

축구 역사의 각 시기는 질마르(브라질 대표팀의 골키퍼로 월드컵 첫 우승의 일원이었다), 베켄바워, 플라티니 등의 인물이 등장한 시기와 같다. 결국 경기는 프랑스 작가 마르셀 프루스트의 지적과 다르지 않다. 프루스트는 그의 작품 〈게르망트 쪽으로〉에서, "세상은 (……) 단 한번 창조된 것이 아니라 독창적인 예술가가 출현하는 만큼 자주 창조되는 것이다"라고 지적한 바 있다. 축구는 본래 실리적인 목적에도, 생산의 절대적인 필요성에도 종속되지 않는다는 점을 덧붙여 말하기로 하자. 축구는 그 자체로서 목적을 지니는 활동이다. 이는 예술가의 특징과도 부합하는 것이니, 대선수는 예술가로서 온전히 인정받을 수 있음을 충분히 입증하고 있지 않는가?

"천재성은 일정한 규칙이 주어질 수 없는 이유를 만들어 내는 재능이다." 임마누엘 칸트 《판단력비판》

그러나 여기서 문제가 제기된다. 축구선수는 '작품'을 만들지 않는다……. 그런데 모든 예술가들이 작품을 만드는 것은 아니다. 예술의 세계를 들여다보기로 하자. 경계가 잘못 정의되어 주변에서 찾아볼 수 없을 것 같은 이 세계 말이다. 우리는 이 세계에서, 그들의 행위가 균등한 물질적 작품의 창조로 이어지지 않는 수많은 예술가들과 만나게 된다. 우리는 무용수의 퍼포먼스와 희극배우의 연기, 조형예술가의 일시적인 설치 작품을 생각해 볼

수 있을 것이다. 연주자 역시 그들의 연주에 따라 새롭게 해석되는 악보를 다루고 있음을 왜 고려하지 않는가? 이 같은 가정은 최근 마시모 푸를란(이탈리아의 연극 연출가이자 전위 예술가이며 2002년 월드컵에서 치러졌던 한국과 이탈리아의 경기를 재현한 바 있다)의 2006년 공연 같은, 아주 훌륭한 무대 퍼포먼스를 가능하도록 만든다. 그는 1982년 7월 8일 세빌리아에서 있었던 스페인 월드컵 준결승전, 그 유명하고도 극적이었던 프랑스와 독일 간의 경기를 혼자서 재현했다. 그는 공도 없이 이어폰에서 들리는 소리에 따라 파리의 파르크 데 프랭스 경기장 잔디밭 위에서 프랑스 팀의 주장 미셸 플라티니의 움직임을 재현했고, 그동안 방송기자는 터치라인에 있는 의자에 앉아 실황 중계를 했다! 수년전 음악적 실험에서도 이미 이와 같은 만남이 이루어졌다. 이 실험에서는 교향악단의 연주가 들리는 가운데 거대한 스크린에 경기 장면이 투영되었다. 따라서 작품의 존재가 필연적인 기준은 아니며 충분한 기준도 아니다. 우리가 '작품'으로 이해하는 것이 시대에 따라 다르게 나타났으니 더욱더 그러하다.

만일 축구 선수처럼 예술에도 작품 없는 예술가들이 존재한다면, 선수들 각자도 자기 나름의 예술가로서의 지위가 있다고 주장할 만하지 않은가? 예술과 그 밖의 행위 사이의 경계는 임의로 규정한 분리 방식에서 비롯된 것이 아닌가? 그 숨겨진 목적은 특정한 규정과 도구를 소유한 사람들의 틀에 박힌 우월성을 보장하기 위한 것에 불과한데 말이다. 흔히 쓰는 말을 보면 이 같은 세분화에 역행하고 있다. 예를 들어 우리는 뛰어난 가구 장인에 대해, 그 사람은 손을 사용하는 데 있어 재능과 천재성이 있기 때문에 예술가라고 말한다. 그런데 예술가가 된다는 것은 재능과 경험의 문제에 속한다기보다는, 우리들 저마다가 자신을 위해 선택하는 활동과 더불어 자유롭게 만들어 내는 관계의 유형에 속함을 인정하자. 피카소와 그래피티 예술가, 니진스키(폴란드 출신의 소련 무용수이자 안무가이다)와 BMX(경주와 묘기를 위해 특별히 고안된 자전거와 관련한 스포츠를 말한다)의 프리스타일 선수, 마리아 칼라스와 그랑 코르 말라드(본명은 파비앙 마르소이며 프랑스 출신의 슬램 가수이다) 사이에는 본래 차이가 없으며 그들은 모두 자기 나름의 방식으로 예술가들인 것이다.

예술가의 활동은 노동인가 놀이인가? 모든 사람은 예술가인가?

예술적 의도와 행위의 절대적 특성을 소유한 사람들은 이 같은 사실을 현대 문화의 위기를 확인시키는 추가적인 증거로 해석할 것이다. 그들의 귀에 소위 '모든 예술가들'이라는 선동적인 선언은 예술, 장인, 그리고 여가 사이에서 나타나는 최근의 혼란과 쇠락의 신호로 들릴 따름이다. 만일 예술가가 되기 위해서는 자신을 예술가로 생각하는 것으로 충분하다면, 본래의 의미와 비유적 의미, 넓은 의미와 좁은 의미 사이에 차이는 없다. 이 같은 혼합은 모든 가치 창조에서 필요로 하는 기본적인 요구에 방해가 될 수밖에 없다. 왜 그들을 온전히 비난하지 못한단 말인가? 슬램이나 그래피티에 대해 진지한 애정을 품고 있을지라도 미켈란젤로가 그린 시스티나 예배당의 천정화와 도시 벽화를 그들과 같은 범주에 포함시킨다는 것은 우리의 직관에 맞지 않는다. 뭐니뭐니 해도 '예술가'라는 기표記票는 특별하고, 규범 밖에 있으며, 남다른 재능을 지닌 어떤 사람을 끊임없이 떠오르게 만든다. 하지만 동시에 그것은 예술의 본질에 관한 성찰을 어렵게 만드는 본보기가 되고 있다. 또한 그것은, 그래도 역시, 우리로 하여금 도처에 있는 예술과 예술가를 알아보도록 만든다…….

예술적 실천의 변화는 더 많은 어려움을 만들어 냈다. 예를 들어 점점 더 널리 퍼진 '퍼포먼스'라는 장르는 상황을 혼란스럽게 한다. 즉 그것은 살아 있는 장면을 참신하게 재현하는 해석의 행위이자 동시에 창작자보다 더 오래 남는 것도 되풀이 되는 것도 바라지 않는 독창적인 창조 행위이다. 축구 선수의 동작처럼 퍼포먼스는 자기 자신을 설명하기 위한 작품 개념을 필요로 하지 않는 하나의 사건(이벤트)이다. 하지만 작품의 개념이 무용해지는 것을 고려한다고 해도 문제가 사라지지는 것은 아니다. 천만의 말씀이다.

예술은 덧없는 것만을 목적으로 하는가?

훌륭한 작품은 확실히 일정한 시간 속에서 나타나면서도 서로 공유된다. 작품은 전문가들의 생각과 소속에 관계없이 마음에 들거나 들지 않을 수도 있다. 우리는 니콜라스 푸생(1594~1665, 7세기 프랑스의 화가이며 신화와 성서 등에서 소재를 찾아 작품을 그렸다)의 〈사빈느의 약탈〉이나 모차르트의 〈레퀴엠〉을 로마사와 기독교의 장례 의식, 회화와 음악 창작의 고전 규칙을 전혀 모르고도 아름답다고 느낀다. 칸트는 "아름다움이란 관념과 관계없이 보편적으로 마음에 드는 것"이라고 지적했다. 이와는 반대로 완전한 초보자가 메시(아르헨티나의 축구 선수)의 예측 불가능한 방향

전환을 보고 흥분하기는 쉽지 않을 것이다. 경기의 목적과 기본이 되는 전술적 원칙을 알지 못한다면 말이다. 만일 우리가 작품이 지니고 있는 의미와 무관하게 작품을 통해 감동을 받는다면, 그것은 또한 우리가 그 작품들이 정신적인 의도의 결과물이라고 생각하기 때문이다. 그런데 축구 선수의 영감은 아무리 천재적인 것이라 해도 신체의 자발성과, 무언가를 재현하거나 표현할 아무런 계획이 없는 즉시성의 형태에 속한다. 결국 양식良識은, 우리가 "램파드(영국 축구 선수)의 패스는 정말 멋지단 말이야!"라고 소리치는 경우처럼, 비유적 의미를 다시 중시하게 되지 않을까? 이 같은 표현은 "네가 만든 크림 소고기 스튜는 흠잡을 데 없는 걸작이야!"라고 말하는 유형의 칭찬과 더 이상 다르게 들리지 않는다.

"참다운 예술은 늘 그것을 기대하지 않는 곳에 있다. 아무도 그것에 대해 생각하지 않고, 그 이름도 발설하지 않는 곳. 예술은 그 이름으로서 알려지는 것과 인정받는 것을 싫어한다. 예술은 곧장 달아나 버린다." 장 뒤뷔페(프랑스의 화가이자 조각가)

세련된 동작은 예술적 아름다움의 가치를 결코 지니지 않을 것이다. 수학자들은 흔히 증명의 아름다움을 말하지만 그렇다고 해서 그들 스스로 자신을 예술가라고 생각하지 않는다. 그들이 말하는 우아함은 무엇보다도 풀이 혹은 추리의 유효성과 용이함을 나타낸다. 결국 축구에서 얻은 즐거움과 예술 작품이 끌어낸 아름다움을 동일시하기는 어려워 보인다. 전자는 흥분 상태나 아니면 반대로 위안에서 얻은 유쾌한 기분과 유사하다. 반면 후자는 대단히 상반된 미묘한 차이를 나타낸다. 즉 예술은 마음에 들게 하거나 동시에 충격을 주고

불안하게 만들며 조바심 나게 하고 도취시킨다. 우리는 어떤 초상화로 인해 재현된 인물이 명백하게 추함에도 불구하고 아름답다고 생각할 수 있고 바로 그것이 우리를 기분 좋게 만들 수 있다.

이 모든 논거가 논쟁에 종지부를 찍지는 못할 것이다. 왜냐하면 논쟁의 대상이 되는 것은 정의와 개념의 문제가 아니라 바로 예술의 특성이기 때문이다. 예술의 위치와 목적에 대해 얘기해 보자. '둥근 공의 예술가들' 이라는 표현을 본래의 의미로 말하는 것은 은연중에 아름다움 없는 예술을 요구하는 것이고, 특히 예술을 아름다움의 의미를 상실한 쇼 혹은 위험을 무릅쓰는 일이나 단지 새로운 것과 동일시할 위험이 있다. 그것은 결국 예술과 문화의 관계를 우습게 만들어 버린다. 그 관계를 통해 보면 작품은 세습 재산에 속하며 그 자체로서 유산이 된다. 다른 한편으로 보면, 예술사는 예술가들이 행한 불온한 단절의 연속과 뒤섞여 나타난다. 그들은 양식과 미학적 규범을 완전히 변혁함으로써 전통적으로 정해진 주제와 형식적 틀을 매번 뒤흔들어 놓았다. 우리가 행한 분류가 그들의 시대에는 스캔들의 대상이었다는 것을 결코 잊지 말자! 하지만 오늘날 누가 초현실주의를 비방할 것인가? 예술에 대한 틀에 박힌 신성화는 아방가르드에 대한 최후의 도전을 조직적으로 부추기는 것 못지않게 해롭다. 실상 예술의 물신화보다 더 해로운 것은 없다. 작품을 둘러싸고 일어나는 다소 불합리한 신앙심 혹은 방문자들을 문화적 순례자들로 바꾸어 놓는 박물관의 부자연스러운 침묵에 책임이 있는 예술의 물신화 말이다.

여러 학생들에게 예술가하면 첫 번째로 머리에 떠오르는 사람이 누구냐고 물으면, 많은 학생들은 망설이지 않고 축구 선수의 이름을 말할 것이다. ……이걸 애석하게 생각해야 하나?

010 진실 la vérité
후반 18분

> "진실이라는 단어는 우리에게 단지 증명 과정으로 요약되는 집합명사일 뿐이다. 건강, 부유함, 힘 등이 절대적으로 삶과 관련된 또 다른 과정, 대가를 치르는 또 다른 과정을 지칭하는 명사이듯이 말이다. 진실은 이루어지고 있는 어떤 일이다……." 윌리엄 제임스 《프래그머티즘》

라커룸에서 돌아온 후부터 힘의 균형은 깨어졌다. 프랑스는 알프스 너머에서 온 선수들의 위장된 템포를 따르지 않기로 했다. 그들은 자신들의 의도대로 경기를 끌고 갈 수 있다고 확신했고 스스로의 운명과 맞서기로 했다. 이탈리아 선수들은 육체적으로 힘들어 보였음에도 이따금씩 프랑스를 위험에 빠뜨리곤 했다. 그리고 경기 시작 63분, 골대에서 50미터 떨어진 지점에서 프리킥이 주어졌고 이탈리아의 토니가 골대로부터 6미터 되는 지점에서 머리로 골을 받아 골키퍼 바르테즈가 지키는 골대의 왼쪽 네트를 갈랐다. 골키퍼는 다시 한 번 패배하게 된다. 어쩔 수가 없는 골이었다! 하지만 골게터의 기쁨은 그리 오래가지 못했다. 곧바로 부심이 기를 들어 골이 무효임을 선언했다. 프리킥을 차는 순간 오프사이드가 된 것이다. 슬로우비디오를 통해 이탈리아의 데 로시가 프랑스 최종 수비수 앞 쪽으로 상당히 많이 나와 있는 것을 볼 수 있었다. 논란의 여지가 없는 오프사이드 위치였다. 하지만 골대 쪽으로 공을 띄우는 순간, 데 로시는 다시 공을 잡지 못했고 그보다 살짝 뒤쪽에

물러서 있던 토니가 갑자기 나타나더니 머리를 들이밀었다. 그런데 토니의 위치에 대한 판단은 논란의 여지가 더 많아 보였다. 명백한 오프사이드는 아니었다. 관중석과 텔레비전 앞에서는 한눈에 상황을 볼 수 있었고, 장황한 논쟁이 끊이지 않고 이어졌다. 순간, 나는 오래된 상처가 다시 열리는 느낌이 들었다…….

"이처럼 진실이라는 단어는 그 자체의 의미가 대상과 생각의 일치를 나타내지만, 생각 바깥에 존재하는 사물들을 대상으로 보면 그것은 그 사물들이 진정한 생각의 대상이 될 수 있음을 의미하는 것 같다." 데카르트 《메르센에게 보내는 편지》

만일 슬로우비디오가 반드시 판단에 사용되는 경기 상황이라면 그 결정은 조금도 의심할 여지가 없다! 수많은 변수에 따라 그 자체로써 판단해야 하는 파울과는 달리, 시합을 중계하는 사람은 강력한 정보 수단을 마음대로 사용할 수 있다. 특히 경기장 위에 가상의 선을 만들어 화면에 나타내는 기술 같은 것 말이다. 심판이 잘못 판단을 했건 옳은 판단을 했건 다른 대안은 없다. 일단 비디오 판정의 정당성을 당연하다고 받아들이면 경기 분위기를 흐리고 관중들을 흥분시키는 격렬한 항의를 보지 않아도 될 것이다. 이 같은 입장의 전제 조건을 보자.

- 경기가 진행됨에 따라 사실들, 즉 상당수의 진실이 드러난다.
- 이 사실들은 알려질 수 있고 진술이나 언어적 표현의 대상이 될 수 있다.
- 그래서 그 사실을, 그것이 드러나는 방식에 적합하게 전달하는 말은 진실로 고려된다.
- 반대로 사실을 있는 그대로 인정하지 않는 것은 진실을 부정하는

것, 즉 잘못 생각하는 것이다.

- 결국 관찰(사고 그리고 말의 영역)과 진실 사이의 일치를 밝히기 위해 최소한의 이미지를 이용하는 것이다. 예를 들어 심판이 틀렸는지 옳은지, 그가 진실을 말하는지 잘못 생각한 것인지 알게 해 주는 영상 말이다. 이미지는 진실의 증거로써 나타난다. 즉 이미지는 생각과 사실을 비교할 수 있도록 해준다. 사실이 그토록 단순할 수만 있다면 말이다…….

이 같은 전제는 암묵적으로 생각과 존재 사이의 상응 혹은 일치와 같은 진실의 고전적인 정의를 근거로 한다. 앞선 에피소드를 떠올려 보자. 시합에서의 사실은 있는 그대로 존재하지 않는다. 내 앞에 놓여 있는 볼펜처럼 말이다. 따라서 사실과 생각 사이의 직접적이고 자발적인 일치는 없는 것이다. 사실은 말을 하지 않는다. 사실은 스스로에 대해 아무것도 말하지 않으며 꼬리표를 지니고 있지도 않다. 그렇다고 해서 이미지화하는 것이 사실로 하여금 수다를 떨게 만들지도 않는다. 왜냐하면 이미지는 사실에 대한 진실이 아니기 때문이다. 그것은 '또 다른 사실이다.' 관찰만

이 이미지로 하여금 말하게 한다. 확실히 우리는 태클도 오프사이드도 '보고' 있는 것이 아니다. 일반적인 의견과는 달리, 진실은 명백함과 서로 뒤섞이지 않는다. 따라서 '명백한 사실', '명백한 이미지'는 적절한 표현이 아니다. 엄밀하게 말해서 규칙의 적용 조건인 해석만이 그와 같은 자격이 있다고 판단될 것이다. 그런데 주지하다시피 시합에서의 사실은 규칙, 활동, 해석과 상황의 해독 작업을 전제로 하는 특별한 환경 등과 관련해서만 존재할 따름이다. 달리 말해서, 명백함은 상황이나 사실의 표시와 같지 않으며 생각과 사실 사이의 우연적인 관계를 나타낸다. 하지만 여기서도 상당히 신중한 태도를 보일 필요가 있다. 이 같은 형식의 진술은 다시금 우리를 속일 위험이 있기 때문이다.

"순수한 감성은 그 자체로는 어떤 진실도 없다. 따라서 어떤 확실성도 없다. 우리가 그것을 확인한다면, 우리는 그것을 해석할 수 있고 그것이 무엇인지 말할 수 있으며 실험적 지식을 지니게 된다." 쥘 라뇨 《저명한 강의와 단편들》

우리가 알고 있는 진실의 고전적인 정의와는 달리, 우리는 어떤 명제에 대한 진술과 그 진술이 관련된 사실 사이의 직접적인 비교를 결코 할 수 없다. 이 점이 중요하다. 관찰된 사실은 내가 관찰을 통해 행한 표현과 무관하게 존재하지 않으며, 그 표현 역시 그것을 판단의 형식으로 이야기하는 진술에 따라 좌우된다. 따라서 관찰자로서의 우리의 관점도 예외는 아니다. 즉 사실은, 비디오로 재현된 이미지와 같은 이유에서 분명 재현인 것이다! 결국 우리가 사실 그 자체와 사실에 대한 판단을 비교하면서 진실의 기준을 지니고 있다고 믿고 있을 때, 실제 우리는 그 둘 사이에서 표현되는 진술들을 비교하고 있을 따름이다.

사실은 '우리를 위해서'만 그 이외에는 결코 존재하지 않는다는,

언뜻 듣기에도 정도를 벗어난 확언의 측면과, 현실은 우리가 그것에 대해 지니고 있는 표현에 항상 의존하고 있음을 인정하기로 하자. 그렇지만 나의 표현 밖에서, 정말 '그 자체로서' 존재하는 사실이 있음을 인정한다고 해서 진실의 고전적인 개념 자체에 나타난 결함이 사라지는 것은 아니다. 왜냐하면 이와 같은 가정에서 내가 사실을 말하는지 알기 위해서는, 사실 그 자체와 그 사실에 대한 나의 표현을 비교해야만 하기 때문이다. 이 같은 비교를 하기 위해서는 나의 표현 방식에서 벗어나야 한다. 하지만 이 같은 방식에는 실패가 예견되어 있다. 만약에 내가 나의 표현에서 빠져나오게 된다면(《허풍선이 남작의 모험의 주인공》 뮌하우젠 남작이 자신의 머리칼을 자신의 손으로 잡아당겨 늪에서 빠져나오듯이), 사실들의 현실과 그 표현 사이에서 내가 행하게 될 비교는 또 다시 표현의 질서를 따르게 될 것이다. 달리 말하면, 우리는 절대적으로 중립적인 일종의 시점을 얻기 위해 자신의 사고에서 벗어날 수 없다. 우리가 사물 그 자체와 그 사물에 대한 우리의 생각을 비교할 수 있는 중립적 시점 말이다.

경기에 적용된 이 같은 지적은 비디오 판독의 도움을 받는 문제에 대한 비판적 성찰을 더 확대시켜 생각하게 만든다. 결정적으로 진실을 드러낼 수 있는 완벽한 '시야각'은 속임수에 속한다. 이 속임수는 이미지와 객관성 사이의 빈번한 혼동에서 비롯된 것이다. 우리는 관중들 앞에 놓여 있는 스크린을 보고 그것이 전하는 이미지가 사람들이 그것에 대해 지니고 있는 지각을 넘어서 존재한다는 결론을 끌어낸다. 틀림없이 우리는 '대상objet'의 라틴어 어원인 'objectum'(던져져서 앞에 놓인 것을 뜻한다)과 동사 'objicere'('ob'은 '~앞에', 그리고 'jacere'는 '던지다'라는 뜻이다)에서 유래한 유사한 말들에 무의식적으로 속았을 것이다. 따라서 기술은 쟁점이 되고 있는 상황에 대해 어떤 객관성도 담보하지 못한다. 특정한 시각과 이미지의 동일시 때문만이 아니라 기술의 위상이 객관성이라는 어떤 특권도 지니지 못하기 때문이다. 비디오 판독의 신봉자들은 이미지의 도움을 받는 것이 사람의 시각에 비해 우월함을 증명하는 경우를 상기시키며 절호의 기회를 잡으려 할 것이다. 그것은 이론의 여지가 없이 자명하다. 그렇다면, 독수리는 우리가 보지 못하는 것을 본다는 사실을 누구도 부인하지 않는다면, 맹금류가 우리의 시각보다 더욱 '진짜'에 가까운 시각을 지녔다는 주장을 받아들여야 한단 말인가?

1998년 프랑스 월드컵 당시 열린 브라질과 노르웨이의 경기 후반전을 생각해 보자. 노르웨이는 심판이 판정한 페널티킥으로 승리하였다. 중계방송에 동원된 17대의 카메라를 믿은 관중들은 그 같은 결정을 내린 심판을 이구동성으로 비난하였다. 그날 중계방송과 무관하게 운동장에 있었던 어떤 카메라맨이 며칠이 지난 후 방송되지 않았던 영상을 내보내 심판이 비난 받을 행동을 하지 않았음을 알릴 때까지 비난은 계속되었다……. 그렇다면 진실에 관한 생각 자체는 어떻게 된단 말인가? 생각과 말에 직면하여 그것들을 비교할 것이 더 이상 아무것도 남아 있지 않다면, 생각이 생각만을 가리키고 말이 말만을 가리킨다면, 어떻게 계속해서 진실을 언급한단 말인가? 따라서 완전히 회의적인 입장을 취해야만 하는가? 절대적인 진실은 없고 단지 사실이라고 인정하는 것이 좋겠다고 우리끼리 합의하기 위해, 주어진 진실의 증거만 있다는 사실을 받아들여야만 하는가? "저마다 자신만의 진실이 있다"라는 널리 알려진 상대주의적인 격언에 결국 동의해야 한단 말인가? 더 나쁜 것은 진실의 고전적인 정의에 대해 쌓인 불만들이 사실의 영역에서 의견과 지식 사이의 차이를 결국 위험스럽게 문제 삼게 된다는 점이다. 이러한 점을 고려한다면 사실에 대한 인식(역사적 사건, 감각적 지각, 육체적 경험, 심리적 체험 등)은 있음 직한 의견으로서의 지위, 즉 지식과 의견, 사실과 사실임 직한 것 사이의 구분 말고는 다른 지위를 요구할 수 없을 것이다. 이제 더 이상 특성의 차이가 아니라 정도의 차이에 속하는 지식과 의견, 사실과 사실임 직함 사이의 구분으로서의 지위 말이다.

그렇다고 해서 우리 쪽에서 표현하는 진실에 대한 다양하고 일상적인 애정이 그러한 난관을 뛰어넘을 수 없는 것은 아니다. 충분히 있을 법한 일이다. 우리가 하는 수많은 표현들이 그 증거이다. '사실대로 말하면', '그러면 그렇지', '사실', '정말', '진위를 가리다', '진실로' 등의 표현이 그것이다. 요점을 말하자면, 그러한 표현들은 '사실'이라는 것이 용어의 규범적이고 게다가 도덕적인 의미에서의 가치만큼 판단의 성격을 갖지는 않음을 증명한다. 우리는 '진실의 의무'에 대해서 말하지 않는가? 그렇기 때문에 그것의 정의에 관한 상당한 문제점을 비롯한 수많은 어려움에도 불구하고, 그것을 가리키는 우리의 태도와 그것에 요구하는 우리의 성향은 결코 소멸하지 않을 것이다! 우리가 결코 진실을 정의할 수 없고 지식에 관한 인식의 기준을 제시할 수 없다고

하더라도, ‘그러게’ 혹은 ‘사실이야’ 와 같은 표현은 그 의미를 잃지 않을 것이다. 진실은 우리에게 말한다. 이 문제에 대해 우리는 모호한 판단에 만족하지 않는다. 우리는 진실을 부르고 진실을 촉구하며 진실을 지칭한다. 충분히 반론을 제기할 수도 있다. 즉 진실은 우리에게 일방적인 의미가 아닌 의미 자체를 간직하고 있다.

그렇지만 제기되었던 문제가 그대로 남아 있다. 왜냐하면 우리는 진실로 인정된 가치에서 지식을 의견의 형식과 동일시하는 것에 만족할 수 없기 때문이다. 진정한 지식의 가능성을 살리기 위해, 역설적으로 진실에 대해 그것의 지식을 보다 덜 요구하는 것이 해결책으로 제시된다. 그것은 무슨 뜻인가? 예를 들어 판정을 두고 일어나는 분쟁의 경우, 대부분 논쟁은 진실에서 먼 과도한 요구 때문에 생긴 것이 아닌가? 심판은 필연적으로 착각에 빠지게 되는 성향이 있지 않은가? 우리가 그의 역할을 사실들에 나타난 진실을 직접 폭로할 수 있는 학자의 역할과 동일시하는 경우에 말이다. 또한 우리가 경기장에서의 진실과 실험실에서의 실험의 진실을 혼동하는 경우에 말이다.

해결책은 문제의 중심에 자리 잡고 있다. 심판은 그 이름이 말해 주듯이 결정을 내릴 때 자의적인 역할을 떠맡는 사람이다. 그것은 경기에 대한 참다운 태도가 진실에 관한 일반적인 생각과 그것에서 비롯된 과도한 욕심을 몰아내는 데 있음을 의미한다. 달리 말하자면 경기에서 일어나는 사실에 진실은 존재하지 않는다. 그것을 밝히는 것이 심판의 소관이라는 사실 이외에는 말이다. 즉 경기의 진실은 개인으로서의 심판 자신에

지식과 의견은 어떻게 구분되는가?
여러 개의 진실이 있는가?

게 달린 것이 아니라 중재의 기능 그 자체와 스스로 잘 이해한 자신의 역할에 달린 것이다. 요약하자면 '타협'이라는 용어의 가장 소박한 정의가 요구된다. 그런데 우리가 잘못 생각한 것이 아니라면 타협은 이런 저런 사실에 영향을 미치는 것이며, 무엇보다도 진실의 생성 조건 자체에 관한 당사자들의 합의를 가리킨다. "심판은 진실을 말한다"라는 표현은, "바로 그렇기 때문에 진실을 말하는 사람이 심판이고, 확고한 진실이 부재할 때 그 가능성을 지키는 유일한 방법은 모두 함께 자의적인 판단의 몫을 떠맡는 것임"을 의미한다. 바로 여기에 중재라는 임무의 의미를 되살림으로써 진실의 선택적인 모습이 드러난다. 그 모습은 사고가 용맹스럽게 도달하려고 애쓰는, 더 이상 있을 법하지 않은 대상이 아닌 절차에 관한 집단적 타협의 성과이다. 즉, 활동 기록과 현실의 영역에 따라 진술이나 결정에서 진실의 가치를 인정할 수 있게 해주는 절차 말이다.

심판의 역할과 그의 임무 범위에 대한 정의는 일반적으로 스포츠의 영역에서 그 절차들 중 하나가 납득할 만하다는 것과 다르지 않다. 따라서 심판은 과학과는 다른 관계를 진실과 관련짓는다. 즉 그가 폭력을 막고 문자 그대로의 규정을 적용하기보다는 운동 정신을 중요시하며 플레이가 지속되는 것을 돕는다면, 우리는 그에 대해 '그가 진실을 파헤친다'가 아니라 그가 '옳다'고 스스럼없이 말할 것이다. 물론 그렇게 한다고 심판이 과학적 지식을 지닌 사람이 되는 것은 아니다. 그럼에도 불구하고 그는, 진실을 전하고 단순히 의견을 제시하는 역할로 축소될 수 없는 실제적인 지식을 소유한다.

011 시간 le temps
후반 35분

> "영원한 존재는 없다. 우리의 존재도, 사물도 마찬가지다. 또한 우리와 우리의 판단, 소멸하는 모든 것들은 끊임없이 흐르고 지나간다." 몽테뉴 《수상록》

레 블뢰 군단은 경기 시작 62분, 이탈리아의 토니가 골에 실패한 이후 경기를 지배했다. 그들의 지배는 매 순간 두드러졌다. 63분, 앙리는 칸나바로를 따돌리고 페널티 구역 오른쪽 모퉁이에서 슛을 날렸으나 부폰에게 막혔다. 65분, 말루다는 알프스 너머에서 온 수비수의 얼을 빼놓는다. 71분, 지단은 좋은 위치에서 프리킥을 차고 골키퍼는 공을 쳐낸다. 이탈리아 선수들은 프랑스의 골키퍼 바르테즈가 오른쪽 골대 가까이에서 지켜본, 전방 30미터에서 이루어진 피를로의 반격을 제외하곤 자신들의 진영을 지키고 있었다. 시간이 흘렀고 그들의 체력도 바닥이 났다. 마지막 10분이 되

자 일체의 공격 의지가 사라졌고 자신들의 골문을 지키는 것밖에 달리 선택의 여지가 없었다. 공을 놓치는 횟수가 점차 많아졌다. 프랑스의 공격은 지속적으로 쇄도해 그들을 엄습해 왔다. 연속된 코너킥이 알프스 너머에서 온 서포터즈들의 등골을 오싹하게 만들었다. 아주리 군단은 심판이 호각을 불어 규정된 시간이 끝났음을 알리고 두 번의 연장전이 시작되기 전에 한숨 돌릴 수 있기를 바랐다. 하지만 시간이 멈춘 것 같았다. 마치 다른 알갱이보다 좀 더 굵은 모래 알갱이가 모래시계를 막고 있거나 경기장의 시계를 관리하는 책임자가 악랄한 수단을 동원하여 시간을 늦추고 있기라도 하듯이 말이다. 추가 시간은 영원히 지속되었고, 시간이 흐를 때마다 심판이 다시 시간을 연장시키는 것만 같았다…….

프랑스 벤치의 분위기는 사뭇 달랐다. 경기 종료가 임박하자 교체 선수들과 감독은 선수들을 독려하기 시작했다. 이탈리아 선수들이 궁지에 몰리자 승리의 여신이 프랑스 선수들에게 손을 내밀었다. 행운이 필요했고 이것을 기회로 궁지에서 벗어나야만 했다. 그런데 시간이 빠르게 흘러갔다. 시계가 자신의 뒤를 쫓는 듯한, 있을 법하지 않은 일이 일어나고 있었다. 아니, 이제 이탈리아 선수들은 12명이 경기를 했다! 시계가 분명히 한쪽 편을 들고 있었다! 그러자 한쪽에서는 기적이 일어났고 다른 한쪽에서는 불행이 나타났다. 날카로운 호각 소리가 경기장의 정적을 깨트렸다. 후반전이 끝났다. 연장전이 시작될 것이고, 연장전 또한 동점으로 끝날 경우 승부차기로 승자를 가릴 것이다.

하지만 이탈리아 선수들이 체력을 회복하기에는 휴식이 너무 짧았다. 연장전이 시작되자마자 이탈리아 선수들은 별다른 전략 없이 상대가 공격하도록 내버려 두고 수비에 치중하며 철저하게 역습 기회를 노렸다. 역습 기회는 언제고 틀림없이 올 것이다. 실제로 그런 전략은 더욱 단순 명쾌하다. 즉 역습을 당하지 않고 필요한 경우 마지막 상황까지 기다리는 것이다. 프랑스 선수들은 자신들의 체력적 우위를 알고 전략을 바꾸지 않은 채 내친김에 계속 상대를 몰아붙이려 했다. 경기 시작 99분, 프랑스의 리베리는 페널티 구역에서 유리한 반격 기회를 이용하여 상대 선수 세 명의 방어를 제치고 날카로운 슛을 날렸다. 공은 얼이 빠진 골키퍼 부폰의 왼쪽 골대 아래를 스치고 지나갔다!

103분, 좋은 기회가 지나가고 사뇰은 완벽한 센터링을 지단의 강력한 머리 위로 올려 준다! 경기장에서는 이미 공이 들어간 것처럼 보였지만 세계 최고의 골키퍼라는 자신의 지위에 걸맞게 부폰은 멋진 펀칭으로 공을 골대 밖으로 쳐냈다. "이러다가는 결국 프랑스가 이기겠는걸. 시간은 충분해." 낙담한 이탈리아 팬들이 중얼거렸다.

그리고 경기 시작 107분, 온 경기장이 요동쳤다. 지단이 마테라치에게 박치기를 하고 퇴장 당한 것이다(151쪽에 나오는 그림을 볼 것)! 11:10, 또 다른 승부가 시작됐다. 이제 프랑스는 뒤로 물러나 이전에는 절대적으로 회피하고 싶었던 것을 기다려야만 했다. 즉 승부차기라는 운에 자신을 맡겨야 했다. 힘의 새로운 역학 관계가 성립되었고, 일시적이고 새로운 상황이 나타났다. 갑자기 시간은 프랑스 진영에서 꼼짝달싹하지 않았다. 초침이 마치 분침처럼 느리게 돌아갔다. 수적 우세로 힘이 강해진 이탈리아 선수들은 추가 시간이 주어진 것에 더 이상

낙담하지 않았을 것이다. 오히려 그들에게는 시간이 갑자기 낙하율과 같은 법칙을 따르며 쏜살같이 흘러가는 것처럼 느껴졌을 것이다. 말하자면 시계가 돌아가는 속도는 시간이 흐름에 따라 더욱 빨라졌다……. 10여분 남은 경기 상황, 덧없는 시간, 끊임없는 시간이 흘러갔다. 22명의 선수들의 생애에서 가장 중요한 10분이었다.

시간을 객관적인 데이터, 즉 측정의 도구로 생각한다면, 숨 막히는 경기 종반에 있어 시간은 전적으로 우리에게 달려 있는 것 같다. 이 같은 사실은 다른 모든 만남에서도 유효하다. 이처럼 축구는 시간에 관한 이상적인 실험의 틀을 제공한다. 관중들과 마찬가지로 선수들에게도 익숙한 경험인 시간의 흐름에 관한 감각은 골이 들어간 순간에 달려 있다. 만일 첫 골이 경기 시작 20분 뒤에 들어갔다면 골을 만회하는 데 충분한 시간이 남아 있다. 따라서 지속 시간에 대한 인식은 골이 경기 종료 15분을 남겨 두고 들어갔을 때와는 전혀 다르게 느껴진다. 동점 골을 넣어야겠다는 다급한 생각은 경기 후반에 갈수록 더욱 간절해진다. 그런 생각 때문에 시간은 점점 더 빨리 흘러간다. 간단히 말하자면 무언가를 하기 위해 필요한 시간을 마음대로 통제하지 못할 경우, 시간이라는 화살은 더 빠르게 지나가기 마련이다.

"우리는 결코 현재의 시간에 매달리지 않는다. 우리는 마치 그 흐름을 재촉이라도 하려는 듯이 미래가 너무 더디 온다고 생각한다. 혹은 우리는, 너무 빠르게 지나가는 과거를 붙잡기 위해 과거를 회상한다. 우리는 너무 경솔하여 조금도 우리의 것이 아닌 시간 속에서 방황한다." 파스칼 《팡세》

시간은 반쯤은 객관적이고 반쯤은 주관적인 혼합된 특성 때문에 철학의 골칫거리가 되었고, 위험한 개념이 되었다. 모든 것은 시간 안에서 이루어지며 시간에 관한 우리의 성찰도 예외는 아니다. 어떤 물고기가 물과 자신의 관계를 생각해 보고자 수족관 밖으로 나와서, "물은 나에게 무엇인가?"라고 물으며 수족관을 쳐다보는 장면을 상상해 보라. 그런 일은 명백히 불가능하다. 그런데 물과 물고기의 관계는 시간과 인간의 의식과의 관계와 같다. 즉 시간은 생물학적인 의미에서 일종의 환경인 것이다. 따라서 우리에게 시간은 결코 타인과 같은 대상일 수 없다. 왜냐하면 우리는 시간의 모습을 보기 위해 시간과 거리를 둘 수 없기 때문이다. 탁자 위에 있는 볼펜을 보듯이 자기 자신의 시선을 보기 위해 거울에 자기 모습을 비추어 보는 식은 불가능하다. 앞 장에서도 언급했듯이 실제 '대상objet'의 라틴어 어원 'ob-jectum'은 던져져 있는 것, 앞에 놓여 있는 것을 의미한다. 그 어원은 시간의 객관성이 논란의 여지가 있고 심지어는 상반된 특성을 지니고 있음을 분명히 하고 있다.

시간은 우리의 적인가 아니면 친구인가?

축구에서 시간은, 농구나 럭비와 같은 다른 스포츠에서와는 달리 선수를 치료하고 선수 교체를 하기 위해 혹은 심판이 부심들의 의견을 묻기 위해 경기가 중단되어도 멈추지 않는다. 심판은 매 하프 타임 끝에 정규 시간에서 얼마를 더 추가해야 하는지 스스로 추가 시간을 판단하여 대기심에게 알린다. 다시 대기심은 관중들에게 몇 분이 더 남았는지 알린다. 따라서 실제 경기 시간은 90분을 훨씬 더 초과할 수 없으며 이기고 있는 팀은 시간을 소모하기 위해 골몰한다. 어떤 수단이라도 좋다. 예를 들어 부상 선수들은 꾀병을 부리고 드로우인 때는 시간을 끌며 선수 교체를 적절히 늦춘다. 이는 프로 선수들의 훈련 내용 중 일부

이기도 하며 흔하게 일어나는 일이지만, 상대방 선수들과 서포터즈들에게는 분노를 사는 일이기도 하다. 상대 팀이 얼마 남지 않은 시간을 허비하고 상대 선수가 그저 스치기만 했는데 고통스럽게 땅바닥을 굴러 심판이 경기를 중단시킬 수밖에 없는 상황을 목격하게 되는 것만큼 짜증나는 일은 없다! 일분일초가 빠르게 지나가는데 함께 공모한 트레이너들은 경기장 밖으로 나갈 것을 종용하는 심판의 재촉을 갑자기 못 들은 척 한다……. 이쯤 되면 사람들은 심판이 어떻게 해서라도 경기를 중단시키고 꾀병을 부리는 선수를 내보내기 위해 흐르는 시간을 정지시키길 간절히 바랄 것이다. 불행히도 이런 바람은 이루어지지 않는다.

좀처럼 생기지 않는 '시간 외' 라는 예외는 어떤 팀에게는 잃어버린 시간이고 또 다른 팀에게는 새로 얻게 된 시간이다. 물론 시간의 주인은 시간의 신인 크로노스가 아니라 심판인데, 심판 역시 시간에 따라야 한다. 선수들과 관중들은 어쩔 도리 없이 유리 상자의 벽과 같은 존재의 근본적인 차원과 부딪친다. 삶은 한쪽에서 다른 한쪽으로 덧없이 흘러간다. 시간의 흐름을 지배하고 시간의 흐름을 바꾸려는 일체의 시도는 가차 없이 시간과 타협할 수밖에 없으며 결코 시간을 벗어나지 못한다. 어떤 사람들은 이러한 절망스러운 상황에 직면하면 간혹 근본적인 방법을 따른다. 즉 두 팀 사이의 점수 차가 커서 무승부가 될 가능성이 거의 없을 때면 낙담하거나 화가 나서

종료 호각 소리가 들리기도 전에 경기장을 떠나는 서포터즈들이 늘 있기 마련이다. 그런 행동은 자신들이 좋아하는 팀의 경기 수준을 비난하거나 출구의 혼잡을 피해 보자는 속셈이지만 단지 그것이 전부는 아니다. 그것은 자기 자신이 경기에 쐐기를 박고 흐르는 시간의 지배자라고 믿으며 시간에 더 이상 종속되지 않기 위해 시간을 파괴해 버리는 다소 과대망상적인 행동이다. 하지만 이러한 태도는 비록 효과적이라고 해도 부조리하며 가소로워 보인다. 우리는 결코 자신이 파괴하는 것의 주인이 되지 못한다. 또한 우리는 자신이 피하려고 애쓰는 것을 진정으로 지배하지 못한다. 이 같이 경기장을 떠나는 것은 불가능한 회피이며…… 그 증거로 언젠가 그들은 성급히 제자리로 돌아오는 경험을 하게 될 것이다. 그들 중 많은 사람들이 경기장 계단을 있는 힘껏 다시 뛰어올라와 경기 종료 후 애지중지하는 클럽의 무승부에 환호하는 함성을 듣곤 하지 않는가?

시간에 맞서 싸우는 것은 이치에 맞는 일인가? 체험 시간과 상황 속의 시간을 비교해야만 하는가?

경기가 종료되었을 때, 서로 결속된 동시에 서로 대립된 시간의 경험에 관한 두 차원이 우리에게 나타난다. 한편으로 시간은 의식의 체험에 속하며 따라서 시간은 내가 그것과 맺는 관계에 의존할 뿐이다. 확인된 것처럼 시간과의 관계는 나의 욕망, 나의 기대, 나의 행위에 달려 있다. 다른 한편으로 시간은 우리를 에워싸는데, 시간에 속해 있는 것은 바로 우리이다. 물고기가 물에 의존하듯이 말이다. 또한 시간은 의식의 '환경'이며 요소인데, 의식은 그 요소를 벗어나 존재한다는 걸 '꿈에서조차' 생각할 수 없다. 단적으로 말해 모순이 너무나 커 보여서 소크라테스의 대화자들이 결국은 두려워하게 되는 철학자들의 농간들 중 하나를 드러낼 수밖에 없다. 말하자면 그들은 스승의 질문에 대한 그들의 대답이 자신들 주변에 만들어 놓은 함정에 일단 빠지게 되는 것이다(소크라테스식 대화법 혹은 산파술을 의미한다. 즉 대화를 통해 대화자로 하여금 자신의 지식을 깨닫게 함으로써 무지를 자각하게 하고 끊임없는 질문을 통해 당사자도 의식하지 못했던 사고를 더욱 발전시키는 것을 목표로 한다). 이렇듯 어려움을 서로 분리하는 소크라테스의 해결책을 왜 적용하지 않는가?

"그렇다면 시간은 무엇인가? 아무도 나에게 그것을 묻지 않았지만, 나는 그것을 안다. 나는 그 요구에 시간이 무엇인지 설명하고 싶지만, 나는 그것을 알지 못한다." 성 아우구스티누스 《고백록》

만일 내가 시간의 지속에 대한 자각이 자아와 나의 계획에 속해 있다는 사실을 의식한다면, 나는 자아의 가장 깊은 곳에서 일반 시계와 정밀한 시계가 표시하는 시간의 객관적 가치와 시간의 규범이 존재한다는 사실을 아는 것이다. 그래서 역설을 해결할 가능성은 결국 시간과 시간의 지속을 구분하는 것이다. 시간의 지속은 객관적인 어떤 것이며 내가 그것에 대해 지니고 있는 자각과는 무관하게 존재하는, 시간에 대한 나 자신의 지각에 달려 있다. 예를 들면 시간은 내가 잠들어 있는 동안에도 변함없이 흘러간다. 이처럼 경기장의 시계는 공정하게 시간을 측정한다. 90분이 지나 심판이 경기 종료를 알리는 호각을 불기 위해

참조하는 그 시계 말이다. 하지만 시계가 있건 없건 시간의 지속은 각자의 체험에 달려 있다. 1982년 스페인 월드컵 당시 히혼에서 열린 독일(당시 서독)과 오스트리아의 '수치스러운 시합'은 규정 시간을 준수했다. 반대로 관중들에게는 축구가 보여준 패러디가 결코 끝나지 않을 것처럼 느껴졌다. 이날 경기에서는 서독이 1:0으로 오스트리아를 이겼지만 결과적으로는 서독과 오스트리아가 예선을 통과하고 알제리가 탈락하였다. 앞선 경기의 결과를 알고 있던 두 팀이 전반 10분부터 한 시간 내내 공을 돌리며 경기를 하지 않았던 것이다(스페인 월드컵 예선에서 맞선 독일, 오스트리아, 알제리가 각각 2승 1패가 되었지만 독일과 오스트리아가 알제리를 떨어트리기 위해 1 : 0 이라는 점수 차를 유지하며 고의로 경기를 느슨하게 만든 이른바 '치욕스러운 시합'을 말한다).

이처럼 경기장에서의 시간은 한편에서는 시간의 지속으로 다른 한편에서는 시간으로 나타난다. 만일 이러한 점에 주목하지 않는다면 이 같은 분리는 사실상 추상적 개념에, 즉 현실의 자의적인 구분에 이르게 된다. 매우 편리하지만 현실과 아무런 관련도 없는 분할 말이다. 실상 체험되지 않은 시간이 우리에게 아무런 의미도 없다면, 그것은 우리가 시간의 지속과 의식 내면의 시간성에서 결코 빠져나올 수 없음을 의미한다. 시계의 공식적이고 객관적인 시간과 다시 만나기 위해서 말이다. 내가 경기장 시계에서 흘러가는 시간을 보는 것은 여전히 시간의 지속으로써 시간을 느끼기 때문이다. 즉 '시간은 항상 시간의 지속이다.' 하지만 이때 코치들, 선수들, 심판(그들은 경기가 끝나기 전이라도 저마다의 시간을 정해 두고 있다), 그리고 관중들과 마찬가지로, 우리들 모두 저마다의 시간의 지속을 지니고 있다면 어떻게 될까? 게다가 결국 각자의 의식이 시간의 지속이라면, 비개인적인 시간, 모든 사람들의 시간, 우리가 약속을 정하고 시계를 보며 속도를 측정하고 경기 종료를 알리는 시간 등을 어떻게 측정할 수 있는가?

성 아우구스티누스의 책에서 보듯이, 시간에 관한 성찰은 철학적인 용기를 갖출 것을 요구한다. 그 정도로 시간에 관한 성찰은 논증의 전제로서 어마어마한 논리적 '궁지apories' 만을 낳을 뿐이다(궁지는 그리스어로 'aporia' 이다).

의식은 시간 속에 있는가, 아니면 시간이 의식 속에 있는가?

연장전

정의와 법 la justice et le droit

도덕과 의무 la morale et le devoir

012 정의와 법 la justice et le droit

연장전 후반 2분

> **"법은, '경계표지를 옮기는 자, 저주받을 지어다'라고 규정한다. 단 하나의 판결이 수많은 나쁜 본보기들보다 더 해롭다." 베이컨 《도덕과 정치에 관한 시론》**

이탈리아 선수들은 연장전이 시작되자 두 선수를 제외하고는 더 이상 공격에 나서지 않았고, 공을 프랑스 선수들에게 넘겨준 채 경기를 지배당했다. 혹시나 역습의 기회가 오지 않을까 하는 희망에서였다. 체력이 떨어졌을 때에는 방어에 치중하고 상대를 기다리며 자기 진영에서 몸을 사리고 있는 편이 좋다. 마치 식충 식물처럼 공을 다시 빼앗아 전광석화와 같은 속도로 반격에 나설 희망을 가지고서 말이다.

이탈리아 선수들은 위장된 템포로 상대방을 속이는 세계적인 기술을 가지고 있다. 그러면 상대는 자신이 우월하다고 믿게 되고 수비에 대한 경계심을 늦추게 된다. 그들은 "지배하는 것이 이기는 것은 아니다"라는 격언을 경기의 원칙으로 삼았다. 하지만 몇 분 전에 부폰이 지단의 머리 위쪽에서 공을 힘껏 막아 내지 않았다면 알프스 너머에서 온 선수들의 희망은 이미 사라졌을 것이다. 연장 14분에도 그는 지단과 디아라의 면전에서 말루다가 찬 코너킥에 이어서 경기장으로 위험하게 날아오는 공을 손으로 쳐내려고 애썼다.

연장전 후반의 시작은 공격-방어 전략의 시나리오를 확인시켜 주었다. 연장 17분이 되자 모든 것은 뒤바뀌었다. 한 번 보았고, 다시 보았고, 지겹도록 언급했던 경기를 또 한 번 길게 설명할 필요가 있을까? 사건을 형편없이 표현하기보다는 몇몇 에피소드들을 떠올리는 편이 좋겠다. 마테라치는 심판과 관중들이 예상하지 못했던 상황에서 땅바닥을 뒹굴었다. 심판 엘리손도 씨는 마침내 상황을 이해하고 경기를 중단시켰다. 그때 관중 전체가 보지 못했던 장면이 슬로우비디오로 텔레비전 스크린에 흘렀다. 이탈리아 진영 밖으로 공을 멀리 찬 데 이어, 지단과 마테라치가 경기와 무관하게 거친 말 몇 마디를 주고받는 것이 보였다. 두 선수의 대화가 끝났다고 생각되는 순간, 지단이 돌아서더니 이탈리아 수비수 쪽으로 다시 돌아와서 갑자기 그의 가슴팍을 머리로 거칠게 받아 버렸다. 부폰만이 상황을 파악하고 강하게 항의했다. 선수들, 심판들, 임원들을 비롯한 모든 사람들이 대경실색할 만한 일이었다. 터치라인에 있었던 부심은 사고가 있은 뒤 한참이 지나서야 엘리손도 심판을 불러 상세한 상황을 이야기했다. 주심은 지단을 불러 퇴장 명령이나 다름없는 레드카드를 들어야 했다. 하지만 폭

행이 있은 다음 처벌을 하기까지 시간이 지체되었다는 사실은 엘리손도 심판도, 오테로 부심도 그 상황을 직접 보지는 못했음을 증명한다. 직접 보았다면 곧장 처벌을 내렸을 것이다. 그들은 경기장 안쪽 테이블에 앉아 있던 네 번째 심판의 중재로 그 상황을 알게 되었다. 대기심의 역할은 선수를 교체하고 터치라인의 벤치를 감시하며 다른 심판들에게 생길 수 있는 모든 문제에 대비하는 것이다. 결정적인 장면을 자세히 말하자면 다음과 같다. 대기심은 감시 모니터를 이용할 수 있었고, 중계방송으로 모든 것을 볼 수 있었다. 대기심이 그 상황을 알았다는 것은 '관계자들' 중 유일하게 모니터링을 할 수 있는 그가 텔레비전의 슬로우비디오를 보았음을 의미한다. 실제로 누구도 경기장에서 사건을 목격하지 못한 점과 사건에 개입하기 위해 소요된 시간을 고려한다면 말이다. 그러나 알다시피 비디오 판정을 통한 도움은 축구에서는 존재하지 않는다. 럭비와 테니스, 아메리칸 풋볼과는 달리 말이다!

후손들은 루이스 메디나 칸탈레호라는 이름을 잊지 않을 것이다. 그는 경기 중에 비디오의 도움을 받아 경기장에 있는 동료 심판에게 영향을 준 최초의 심판이었다. (스페인의 축구 심판인 칸탈레호는 2009년 은퇴했다.) 그의 선의를 속단하지 않는다면, 엘리손도 씨가 지단에게 내린 처벌은 그 때문에 더럽혀졌다. 수년이 지나도 끊임없이 회자되는, 있을 수 없는 형식상의 하자로 말이다. 또한 축구 경기에서의 비디오 판정 도입에 관한 문제가 여러 해 전부터 논쟁이 되는 주제임을 명확히 하자. 축구계 내부에서도 찬성과 반대 사이에 대단히 분명한 입장 차이가 존재한다. 또한 자초지종을 솔직히 밝히려면 수없이 많은 격렬한 논쟁이 필요할 것이다.

도덕적 정당성의 관점에서 고려하자면 처벌은 두말할 필요도 없이 옳은 것으로 보인다. 지단은 규칙을 위반했을 뿐 아니라 경기에는 스포츠 정신(페어플레이와 관련된 일체의 가치들)을 가지고 임해야 한다는 생각을 하지 못했기 때문에 처벌을 면할 수 없었을 것이다. 더욱이 그는 자신의 행위를 자각하지 못했다고 주장할 수 없었다. 징계의 사유가 수없이 많았고 도덕적으로 퇴장 당할 만한 이유도 충분했다. 즉 복수에 대한 통상적인 금지, 공격과 보복의 끊임없는 반복을 부추기고 아무것도 해결하지 못하는 폭력 수단에 대한 거부, 규칙의 존중을 요구하는 경기의 규율과 완력의 도움을 받는 것 사이의 양립불가능성 등의 이유들 말이다.

"만일 정의가 사라진다면, 인간이 이 세상을 살아가는 일은 무가치하다."
칸트 《법의 원리》

그러나 법적인 관점에서 보면 사정은 전혀 다르다. 만일 합법성을, 그 적용을 전제로 하는 법률상의 법칙과 규칙의 총체로 정의한다면 상황은 복잡해진다. 그 경우 심판들은 선수 못지않게 합법성을 위반한 것이 된다. 법을 지키기 위해 불법적인 수단을 썼기 때문이다. 반면 잘못을 저질렀다고 곧바로 지목된 지단은 자신이 부당한 결정의 희생자임을 내세울 수 있었다. 법적으로 절차를 어겼음을 인정하는 것은 처벌 자체를 무효화하는 것과 같다. 그것은 한눈에도 불쾌하기 짝이 없는 일로 보일 수 있는 만큼, 대단히 무거운 부담을 지고 있는 개인을 자유롭게 해 주어야만 하는 상황으로 이해할 수 있다. 대기심에게서 확인된 불법 행위가 지단이 저지른 부정행위를 마술처럼 사라지게 하지는 못하지만, 부정행위를 처벌하기 위해 시도된 절차는 파기할 수 있다. 우리는 대기심이 왜 자신의 행동을 인정하기를 결코 원치 않았는지 확실히 이해할 수 있다!

지단 사건은 합법성과 적법성 사이의 기본적인 구분을 통해, 한편에서는 정의와 다른 한편에서는 스포츠 윤리 사이의 대단히 순수한 갈등 상황을 보여 준다. 축구의 성격 자체와 무관하지 않은 분쟁 말이다.

법으로 정한 것은 반드시 합법적인가?

축구의 특이성을 (사회생활의 또 다른 영역과 비교될 수도 있겠지만) 다른 스포츠와 비교하자면, 도덕과의 관계와 그것에서 비롯된 모순된 입장의 양면성을 드러낸다. 교훈적이고 보수적인 말로 수없이 많은 미덕을 지닌 스포츠를 극구 찬양하고, 타인과 규칙을 존중하는 수업에서는 스포츠의 보편성에 담겨 있는 관용을 극찬한다. 그래서 대중들은 약물복용과 속임수, 부패에 대해 비난하는 것이다. 한편 방송 해설자들은 서포터즈들과 마찬가지로, 경기장에서 나쁜 행동을 통해 자신을 알리고 유명하게 만드는 일까지 불사하는 선수들의 일탈적인 행동을 정도의 차이는 있지만 항상 더 높게 평가한다. 이 스포츠의 역사는 악동들에 대해, 그리고 효과적인 만큼 문제가 있는 행동들에 대해 끊임없이 관심을 갖고 게다가 찬사를 보내기도 한다. 그 선봉에는 1986년 월드컵에서 영국과의 경기 중 손으로 골을 넣은 마라도나가 있다. 명백하게 모든 시대에서 그리고 오늘날까지도 가장 추앙 받는 선수이자 종교적 숭배의 대상인 이 골든 보이가 바로 신의 손 사건을 일으켰다! 그 극단까지는 가지 않더라도 당파적, 국수주의적 아마추어인 우리는 사회생활의 또 다른 상황에서 보통 힘주어 장려하는 뛰어난 미덕, 즉 그럴만

하다고 여겨지는 왜곡을 쉽게 받아들인다. 우리는 겉으로 보기에 도둑맞은 승리를 빼앗도록 해 주는 기회를 찬양하며, 축구에서 승리자를 거명하는 순간에 우연으로 얻은 자리를 열렬히 환영한다. 물론 우리는 때때로 우리 자신이 선수가 되어, 속임수를 쓰는 선수들, 즉 악덕에서부터 미덕까지 모두 받아들이며 공공연하지는 않지만 이리저리 규칙을 짜 맞추어 가는 협잡꾼들을 정감 있게 평가하기도 한다. 일반적으로 서포터즈는 거짓말을 하지는 않지만 약자에 대해 그다지 너그럽거나 동정적이지 않을뿐더러 자기 팀 선수가 문제될 때는 더욱더 그러하다. 축구에서의 도덕은 유연하며 적용하기 나름이다. 또한 겉만 그럴듯한 조악한 물건처럼, 조직의 열망으로 나타나는 페어플레이에 대한 집단적 옹호는 숨어서 떳떳하게 밝히지 못할 수단을 사용하고 있음을 드러낼 따름이다. 이러한 사실에 비추어 지단 문제에 대한 윤리적 평가의 양면성이 드러난다. 특히 많은 사람들이 그에 대한 지지를 간청하는 경우에 말이다(다음 장을 볼 것). 비난이 난무하는 가운데 다음과 같은 사실을 지적하는 몇몇 목소리도 있었다. 우리에게는 지단이 광고업자가 공들여 만든 완벽한 사윗감 같은, 대단히 매끈한 이미지를 떠올리게 하지만, 반면 그가 자신의 선수 이력에서 열네 번이나 퇴장 당했고 다혈질이라는 것, 그러나

그러한 기질은 현대 축구에서 결점이라기보다는 미덕이라는 사실 같은 것 말이다. 그에게 이러한 충동적 기질이 없었다면 적대적인 환경 속에서 혹은 그의 재능을 시샘하는 적들과 맞서는 상황에서 결코 인정받을 수 없었을 것이며 엄청난 성공을 거둘 수도 없었을 것이다…… 등등. 경기 시작 107분에 있었던 이러한 논란은, 행위 그 자체는 선하지도 악하지도 않은, 스포츠에서의 도덕적 회복에 관한 모든 것을 요약해서 보여 주었다. 페어플레이 정신을 훼손했다는 불만과 모욕 당한 가족의 명예를 지키기 위해 공격을 감행한 사람의 용기에 대한 칭찬이 함께 있었으니 말이다.

내적인 확신이 정의를 대신할 수 있는가?

또 다른 상황과 또 다른 사건들은 판단에 있어서 틀림없이 서로 상반된 만큼 다양한 경우를 보여 줄 것이다. 1976년 프랑스는 생테티엔의 멋진 패자들을 축하했다. 그들은 경기장에서 승리를 부당하게 빼앗긴 훌륭한 패자들이었으며, 소규모 지역 팀으로서 식인귀 독일의 바이에른 뮌헨과 싸운 용감한 도덕적 승자였다(1976년 챔피언스 리그 결승전에서 뮌헨이 생테티엔을 1 : 0으로 이긴 경기를 말한다). 1998년에는 월드 챔피언이 된 나라가 마침내 승자들의 편에 서게 된 것을 자축하였고, 쿠베르탱처럼 중요한 것은 참여하는 데 있다고 여전히 믿고 있는 순진한 사람들을 조롱하기 시작했다(1998년 프랑스 월드컵에서 프랑스가 우승한 것을 말한다). 진정한 승자라는 말은 약자의 속임수이며 도덕적 승리란 없다. 유일한 도덕은 승리하는 것이다! 따라서 합법성과 적법성 사이의 충돌은 서로 다른 규범의 영향을 받는 행동 때문에 일어나는 것이 아니다. 그것은 다음과 같은 사실에서 비롯된다. 일상생활에서 우리의 판단은 여러 도덕적 명부에 거의 동시에 의존한다. 우리는 심판이 규칙에 따라 선수에게 옐로우 카드를 내미는 것을 합법적이라고 생각한다. 그러나 얼마 후에 심판이 또 다른 경기 상황을 두고 동일한 규칙을 엄격하게 적용하는 것을 부당하다고 생각할 수도 있다. 결정의 합법성을 생각하지 않은 채 말이다. 그러한 사실을 입증하기 위해 다시 경기로 돌아가자.

"모든 사람들이 예감하고, 당연하며 보편적이라고 느끼는 정의와 불의가 존재한다. 그들 사이에 어떤 공감이나 동의가 없을지라도 말이다." 아리스토텔레스 《수사학》

비디오 판독 여부를 떠나서, 지단이 자신에게 일어난 일에 대해 완전히 책임이 없다고 주장하기는 힘들다. 이미지에 의한 도움을 둘러싼 피크로콜(프랑스 작가 라블레의 작품 《가르강튀아》에 나오는 인물로, 화를 잘 내고 논쟁적이며 충동적이다)식의 논쟁이나 사실의 명백함도, 심판이 내린 판단의 적법성을 결코 손상시키지 못할 것이다. 퇴장은 규칙 위반을 처벌하는 것이지만, 수비수와 이탈리아 팀이 원인이 된 잘못을 바로잡기 위한 것이기도 하다. 만약 지단이 경기장에 남고, 희생자가 경기장을 떠났다면 어땠을까? 선수를 선택할 권리가 있는 이탈리아의 리피 감독은 정해진 규칙에 따라 선수 세 명을 이미 교체한 상태였다. 공격이 있은 뒤에 마테라치가 그라운드를 떠나야만 했다면 그를 대체할 선수는 아무도 없었을 것이다.

반칙은 페어플레이 규정을 위반했을 뿐 아니라 스포츠의 공정성을 훼손하고 상황을 완전히 엉망으로 만들어 버렸다. 왜냐하면 프랑스는 지단이 아직 남아 있고 이탈리아 선수들이 열 명으로 줄어든 상황에서 상대방 선수가 제거된 것에 책임이 있는 행동으로 인해 직접적으로 득을 볼지도 모르기 때문이다. 레 블뢰 군단이 처벌 받지 않은 것은 아주리 군단의 23번 선수(마테라치)의 부상 가능성과 맞물려 불공정성의 연쇄 반응을 일으킬 위험이 있었다. 프랑스의 승리는 부당하다고 할 수도 없을 만큼 아주 사소한 일이 될 정도로 말이다! 그렇다면 모니터를 흘깃 본 시선과 심판의 귀에 들린 몇몇 말들은 어떤 영향력을 행사하였는가? 역사상 가장 불공정한 월드컵으로 영원히 얼룩지게 될 위협에 직면한 심판에게 말이다.

무질서보다 불의를 더 좋아할 수 있는가? 간혹 법을 따르지 않아도 되는가?

법규는 정의를 존재하게 만들지만 그 자체가 정의의 존재로 귀착되지는 않는다. 법의 엄격한 적용이 불의를 바로잡기보다는 불의를 심화시킬 때가 있다. 예를 들어 형법은 어머니가 아이를 먹여 살리기 위해 도둑질을 한 상황에 대해 형법상 '긴급피난'(형법에서 자기 또는 타인의 법익에 대한 현재의 긴급한 상태를 피하기 위한 행위는 상당한 이유가 있을 경우 벌하지 아니한다는 조항을 말한다)의 가능성을 인정한다. 또한 가해자에게 저항하다 저지른 살인의 경우 정당방위로 인정해 형사 기소를 취소하기도 한다. 따라서 법은 합법성(규칙의 존재)과 적법성(규칙의 적용) 사이에서 공존하고 있다. 물론 상황에 따라서는 절차와 합법성을 무분별하게 고려하는 것이 정의에 어긋날 수도 있다. 그렇지만 합법성은 객관성 없는 결정과 불의의 마르지 않는 원천인 독단으로부터 우리를 보호해 준다. 특히 권력이 개입될 때 투명한 규칙이 결여되어 고통을 받는 경우가 생기는데, 예를 들어 경찰은 불심검문을 하면서 외형적으로 경제적 여유가 있어 보이느냐 그렇지 않느냐를 평가의 잣대로 삼는 경우가 흔하다. 이때 개입은 아무런 기준 없이 자의적으로 이루어질 확률이 상당히 높다. 사회적인 고정관념과 심지어는 인종주의적 편견에 따라 범죄 여부를 추측하는 일도 마찬가지다. 예컨대 규칙의 결여와 같은 법조문의 남용은 독단과 동의어이며 불의를 낳을 뿐이다. 하지만 형법상의 긴급피난이나 정당방위의 경우에 나타나 있듯이 법조문과 법의 정신 사이에서 결정을 내려야 할 경우, 판사는 정해진 법의 규칙에 따른 법률적 수단을 부여 받는다. 즉 합법성과 적법성이 충돌할 경우 법률은 분쟁을 해결하는 방법을 개입시키게 된다. 그렇다면 뭐가 걱정인가?

그러나 실제 상황은 그리 단순하지 않다. 대부분의 경우 이보다 상위 단계에서 분쟁이 지속되기도 한다. 즉 살인 여부를 판단하기 위한 정당방위의 범위를 어떤 기준으로 정할 것인가? 어디까지가 그냥 불운이며, 어디까지가 절도죄로 고발 당하는 것을 면하게 해 주는 긴급피난의 상황인가? 한계와 기준을 정해야 하지만 법을 적용하기 위해 그것의 도움을 받게 되면 또 다시 독단과 불의를 낳을 위험에 빠지게 되는 것이다!

"판정을 일찍 받아들이는 것이 옳다. 올바른 판정이 아니라 판정 자체를 말이다." 알랭 《어록》

심판은 그가 대상이 되고 있는 현재의 논란 속에서 그 자체로서는 해가 될 수 없는 존재이다. 경기장에서 심판이 존재하는 이유를 다시 생각해 보면 그의 존재는 법의 정당성과 관련해서 우리가 처해 있는 어려움을 극복하는 데 도움을 줄 것이다. 심판은 경기 중에 권한을 행사하며 그것이 없으면 경기는 불가능하다. 이는 선수들이 처음부터 자신들의 의지를 심판에게 위임하고 규칙을 존중하기 위해 절대적인 권한을 그에게 부여했음을 의미한다. 규칙 중에는 경기 중 발생한 상황이 불분명할 경우 모두가 심판의 결정을 따라야 한다는 내용도 있다. 그것은 구체적으로 다음과 같은 사실들을 의미한다. 개별적인 상황에 규칙을 어떻게 적용해야 할지 모를 때(옳은 일인가 아니면 잘못된 일인가?) 그리고 법의 도움을 받는 일이 그 상황을 해결하지 못할 때, 심판이 내린 결정은 그가 옳다고 인정한 것에 자동적으로 적법성을 부여하게 된다는 사실 말이다. 심판은 다른 어떤 판사와 마찬가지로 독단성의 위험에 노출되어 있다. 심판은 경기가 만들어 낸 예측하기 어렵고 수없이 다양한 상황에 직면하여 각각의 개별적인 상황을 예견하고 규칙의 정확한 적용을 예상하지 못하도록 되어 있다. 하지만 오직 그의 존재를 통해서만 가능한 중재 역할의 적법성은 이의 신청으로도 그 결정을 바꾸지 못하며 불확실성에 종지부를 찍고 독단을 피한다. 단지 심판이 그렇게 판단했기 때문이다. 역할이 부여한 적법성은 '항상' 개별적인 상황에 직면해 있는, 불가피하게 일반적이고 필연적으로 결함이 있을 수밖에 없는 법의 결점을 무마시킨다.

심판에 대해 정의를 내리자면 다음과 같다. 즉 그는 중재를 하고 그 수단을 통해 독단을 극복한다. 하지만 그는 독단을 받아들이는 것으로 독단을 이겨 낸다. 심판은 판정을 하는 행위에 필연적으로 결부되어 있는 독단의 몫을 스스로 감당해 낸다. 그리하여 그는 역할의 적법성에 몰입하여 불의의 잠재적 원인을 잠재워 버린다. 그것이 바로 그의 임무가 가진 일체의 특성이다. 그 대신 심판은 자신이 내린 결정이 잘못되었음이 밝혀졌을 때도 옳다. 그런 일은 이따금 일어날 수 있다! 그의 신체가 경기장의 일부이고 우연히 공과 부딪쳐도 경기가 중단되지 않는 것과 마찬가지로 실수와 그에 따른 불공정성에 대한 가능성은 심판이 경기장에 모습을 드러내자마자 우리가 따르기로 한 것이 되며 우리는 심판 권위의 적법성과 절대성을 인정하게 된다.

그러나 불만에 싸여 울부짖고 분노하며, 심판을 쳐다보고 어린 아이처럼 눈물을 질금거리는 선수들에 대해서는 관대하게 생각하기로 하자. 그들은 몸을 쓰는 경기에 몰두하여 보통 여러 가지를 곰곰이 생각할 여유가 없으니 말이다.

013 도덕과 의무 la morale et le devoir

연장전 후반 2분

> **"두 가지가 내 정신을 경탄과 끊임없는 경외감으로 채우고 있다. 하나는 별이 총총한 하늘이고 다른 하나는 내 마음속의 도덕률이다." 칸트 《실천이성비판》**

우리가 관찰한 특별한 경우에 대한 평가는 정의의 문제를 선악이라는 도덕적 관점으로 바꿔 보면 완전히 달라진다. 즉 "퇴장은 정당한가?"라는 질문을 "박치기는 도덕적으로 비난 받을 일인가?"로 바꿔 본다면 말이다. 틀림없이 기만적인 상황에 대해 무지한 대다수의 프랑스인들은 자신들도 지단처럼 행동했을 것이고, 결국 그의 유일한 잘못은 함정에 빠진 데 있다고 주장할 것이다. 그가 퇴장 당함으로써 사실상 그의 동료들이 경기를 포기했으니 말이다! 프랑스인들이 비난한 건 지단의 경솔함이었지 그가 상대 선수에게 가한 복수와 신체적 공격에 대한 것, 즉 도덕적 비난은 아니었다. 또 다른 사람들은 그가 젊은이들 앞에서 그렇게 공개적으로 행동한 것에 아쉬워했다.

많은 젊은이들이 그를 본받으려 하는데 말이다.

이와 같은 평가에서 볼 수 있듯이 어쨌거나 정도의 차이는 있지만 행동 그 자체는 비난 받을 만한 것이 아니고 그 결과만이 중요하다는 뜻으로 해석된다. 행동이 발각되었고 퇴장 당했으며 경기에 나쁜 영향을 준 결과 말이다. 그래서 사람들은 뜻밖에 그토록 위대한 선수에게서 성숙함이 결여되어 있음을 발견하고 애석해했지만, 그의 악행에 대해 정말로 애석해한 것은 아니었다.

"누구도 항상 자신의 의무를 다할 권리 외에 또 다른 권리를 지니고 있지 않다." 오귀스트 콩트 《실증정치체계》

요약하자면 그는 부적절하게 행동한 것이지 죄를 지은 것은 아니다. 지단의 죄는 묘하게 경감되었다. 만약 죄가 있다면, 존중이라는 보편적 가치에 대해서보다는 프랑스 팀의 이익에 대해서였다. 더욱이 프랑스 전체는 매우 빨리 그를 용서했다. 바로 그다음 날 프랑스 대통령을 시작으로 그 여세를 몰아서 광고업자들까지도 말이다…….

이 이야기는 시사하는 바가 크다. 왜냐하면 그것은 도덕에 대한 우리의 모호한 태도를 다시 한 번 보여 주기 때문이다. 우리들 중 많은 사람들이 지단을 심판했다고 믿으며 그의 중죄를 물었지만, 도덕의 고전적 범주에서 볼 때 대단히 느슨한 태도이며 사건에 대해 이데올로기적인 해석을 적용했을 뿐이다. 그의 행동으로 승리의 기회가 줄어들었다거나 축구 꿈나무들의 교육에 부정적인 결과를 낳았다는 점에서 그를 평가한다면, 그것은 진정으로 도덕적인 문제를 감추는 것이다. 즉 '누군가가 당신을 모욕했다는 이유로 그를 때려야만 하는가?'의 문제 말이다. 이 문제에 답하려면 '예' 혹은 '아니오' 중 양자택일을 하는 수밖에 없다. "안 됩니다, 다만……"이라고 말하는 것은 이미 순수한 도덕의 틀을 벗어나는 것이며 관용이 끼어들 여지를 주는 것이다. 게다가 그런 행동을 유발한 원인까지 덧붙이는 것은 그 행동의 특성을 은연중에 정당화하려는 시도로까지 보인다! 결국 지단이 결코 해서는 안 되었을 행동은 '자신의 행동을 다른 사람에게 들킨' 그 행동이 되는 것이다.

"들키지 않으면 잘못이 아니다." 도덕적 질서를 나타내는 흥미로운 말이다. 본의 아닌 이 모든 너그러운 비판자들은 철학 그 자체만큼이나 오래된 논쟁을 부추긴다. 지단의 경우는 플라톤의 《국가》 2권 첫 부분에 나오는 리디아의 기게스 왕의 경우와 상당히 유사하다. 그의 이야기는 소크라테스가 정의의 문제를 두고 트라시마코스와 대립하던 순간에 언급된다. 트라시마코스는 사람들의 정의란 자의적인 합의이며, 우리는 오직 처벌에 대한 두려움 때문에 그것을 따른다고 확신한다. 따라서 도덕적 가치와 같이 조건 없이 존중할 만한, 그 자체로서 충분히 선한 어떤 것이 존재한다는 사실을 인정하지 않는다. 도덕은 약자들이 강자들로부터 스스로를 지키기 위해 찾아낸 합의 수단일 뿐이므로 어떤 고유한 권한도 없으며 법적 처벌로 상징되는 사회적 구속의 힘을 통해서만 권한을 지닌다는 것이다. "정의는 개인의 이익을 추구하는 것이 아니다. 왜냐하면 불의를 저지를 수 있다고 생각하는 사람이 부정을 저지르기 때문이다." 소크라테스의 명제와는 달리, 결국 불의를 저지르는 편이 어쩔 수 없이 불의를 따르는 것보다 더 유리한 결과를 낳는다는 것이다. 단, 적발되지 않는다는 유일한 조건을 달았을 때 말이다. 따라서 "정의를 실천하는 사람들은 불의를 저지를 힘이 없기 때문에 그렇게 행동한다는 것이다." 플라톤의 형제들 중 한 사람인 글라우콘은 그렇게 요약한다. 그리고 그는 〈기게스의 반지〉에 관한 이야기로 근본적인 입장을 밝힌다. 리디아의 목동은 어느 날 격렬한 폭풍우로 인해 땅에 생긴 구덩이 속에서 반지를 발견한다. 그는 반지의 거미발을 손 안쪽으로 돌리면 자신이 보이지 않게 된다는 사실을 우연히 알게 되었다. 그는 이 마법의 도구를 지니고 궁전에 들어가기 위해 음모를 꾸몄다. 궁전으로 잠입한 그는 마법을 써서 왕비를 유혹한 뒤 그녀와 공모하여 왕을 암살하고 권력을 빼앗았다. 여기에서 바로 도덕성의 문제가 제기된다. 도덕 법칙을 교묘하게 피할 능력이 있는 사람은 누구나 그 힘을 갖게 된다. 그 힘을 중죄인들에게서 볼 수 있는 악덕이나 악한 성향으로 생각하지 않은 채 말이다. 그런 힘을 부여 받은 사람이 그것을 자신의 이익을 위해 쓰지 않으면 사람들은 그를 대단히 어리석다고 생각할 것이다.

우리는 소크라테스가 단언하는 일체의 철학적 권고를 모욕하려는 것이 아니다. 그는 도덕에 있어 위험할 뿐 아니라 치명적인, 인간에게 강한 유혹으로 나타나는 그 주장("정의를 실천하는 사람들은 불의를 저지를 힘이 없기 때문에 그렇게 행동한다")에 대해 반박한 바 있다. 그

만큼 사람들은 유혹을 뿌리치기 어렵다. 논쟁이 일어날 때마다 소크라테스의 말이 은밀하게 다시 떠올라서, 세상에서 가장 좋은 의도를 가지고 출발한 대화자는 그 말을 좋은 의미로 머릿속에 새기게 된다. 따라서 저 유명한, 경기 시작 107분에 일어난 일에 소크라테스적인 판단을 적용하도록 노력해 보자.

사방에서 들리는 수많은 목소리들 중에서 몇몇만이 '그 자체로써' 폭력적인 행동을 비난하였다. 보았다시피 대부분의 경우 그 행동은 또 다른 문제로써 평가될 뿐이다. 즉 도발, 사건의 공익성, 지주(지단의 애칭)를 영웅으로 생각하는 아이들, 팀을 약화시킬지도 모르는 위험 등의 문제 말이다. 그것은 십중팔구 도덕적인 모든 문제들이 제기되었음을 의미한다. 즉, 마테라치의 도발이 그 정도의 반발을 불러일으킬 만한 것이었을까? 위대한 선수라면 무엇보다도 자제할 줄 알아야 하는 것 아닌가? 그는 나쁜 본보기를 보여준 것일까? 등의 문제 말이다. 사실 이러한 문제들은 근본적으로 도덕적인 단 하나의 유일한 과제를 감추고 있다. 즉 지단이 '마테라치의 모욕을 그만큼 중대한 위험으로 생각하지 않았더라도 그를 가격했겠는가?'

이처럼 우리는 스포츠의 고결한 가치를 지키기를 진심으로 원하면서도, 실제로는 트라시마코스라는 사람의 입장에 위험스럽게 동조하는 것이다! 카메라의 유무를 잘못된 행동을 확인하는 적절한 평가 기준으로 삼는 것은, 우리가 원하든 원치 않든 간에 카메라에 잡히지만 않았다면 박치기가 비난 받을 일이 아니었을지도 모른다는 사실을 암시한다. 선수의 명성을 기준으로 삼는 것도 마찬가지이다. 우리는 프랑스 해설자가 수많은 시청자들이 보고 있는 가운데 내뱉은 대단히 사려 깊지 못한 말을 기억한다. 그는 논쟁이 되고 있는 슬로우 비디오를 보며 말했다. "아! 안 돼, 지단! 안 돼! 왜 하필 당신이야! 지금은 아니잖아!" 무서운 양면성을 지닌 말이다. 그럼에도 이 불쌍한 사람은 폭력에 대해 호의적이라는 의혹을 사지 않았다. 다른 곳에서 그에게 동조하던 사람들 역시 문자 그대로 '쓸데없는 반칙' 에 분노하는 그들의 나쁜 버릇에도 불구하고, 스포츠에 대해 왈가왈부하면서 반스포츠적인 행동이 저질러진 사실을 지적하지 않는다. 그러나 어떤 위험, 어떤 다급함 때문에도 한 선수가 폭력이라는 수단을 써야만 한다는 사실은 정당화되지 않는다. 순간적으로 나타난 이러한 반응들은, 어떤 선수들은 그들의 유명세에 따라 다른 선수들보다 더 많은 의무를 지니고 있다거나 어떤 위반은 스포츠 논리를 따랐다는 이유로 덜 비난 받을 만하다는 생각을 드러낸다. 그러한 반응들이 트라시마코스가 내리는 정의의 원동력이 됨을 깨닫지 못한 채, 도덕적 평가는 상황에 따라 달라진다는 편견을 인정하는 것이다. 실질적으로 도덕적 원칙은 존재하지 않으며 규칙이라는 것은 어떤 사람들이 또 다른 사람들을 지배하기 위해서 강요한 사회적 의무에 불과하다는 그의 말을 분명히 기억하자. 여기에 바로 규칙의 유일한 존재 이유가 있다. 기게스로부터 경찰이나 레이더 감시 장비에 이르기까지, 이 모든 것들은 우리가 울며 겨자 먹기로 규칙을 지킬 뿐이라는 증거가 된다.

몇몇 열성적인 비판자들은 그럴 법한 분개심으로 기대에 어긋난 스타의 태도에 격노하며, 선과 악을 구분하는 한계의 문제에 대해 진심으로 묻게 되었다고 생각했다. 사실상 그들의 판정이 선과 악의 존립을 위협했는데 말이다. 폭력이 상황에 따라 달리 처벌된다면 폭력은 그 자체로서 악이 아니라 절대적으로 피해야 하는 것이 되기 때문이다. 이러한 가혹하고 아이러니한 교훈에는 아테네의 현인 소크라테스가 관여할 만하다. 그들에게 돌을 던지지 말자. 우리 모두는 그 언젠가 도덕 선생의 옷을 입고 도덕을 지키려 한다고 믿으면서 선보다 더 많은 악을 행했기 때문이다.

우리는 다른 사람의 시선이 두려워 의무를 다하는가?

모든 선한 사람들은 스스로를 방어하기 위해, 피의자 지단을 별도의 조사 없이 처벌하기 위해 원칙의 순수성을 끌어들이기도 한다. 여러분에게는 비폭력에 대한 조건 없는 존중이 언젠가는 가장 견고하게 뿌리내린 우리의 도덕적 확신에 해가 될 수도 있다는 사실을 반박할 권리가 있다. 사실 무슨 도덕적 명분으로 폭력의 도움을 받을 수 있는 좋은 기회가 논란이 되고 있는 상황을 은폐하겠는가? 일체의 도덕적 양면성이 없는 분명한 현실이 실현 불가능하거나, 아아, 너무나 인간적이게도 추한 현실에 발을 디뎌야하는 상황은 늘 있게 마련이다. 헤겔은 이렇게 중얼거릴 것이다. 고매한 사람들을 속이고 나서 모든 사람들이 알고 있는 명확한 원칙을 다시 언급하는 일은 너무나 쉽다. 필요할 때 이런 말을 하며 발을 빼듯이 말이다. '지단이 왜 그랬을까!', '지단, 그게 아니야!', '지단이 저럴 수가!'……. 불 보듯 뻔

한 분명한 상황에 미덕이라는 편한 옷을 입고 다른 사람을 처벌하는 게 마음 놓인다는 태도 말이다. 하지만 상황이 더 복잡해지면, 동기가 아닌 오직 수단에 말려든 사람이 부도덕한 행위에 영향을 받게 되는 여러 상황이 생기게 마련이다. 절대적 가치에 해를 끼칠 위험이 있는 상황들 말이다. 그것은 타협과 용서, 협상에 대한 거절이다. 그러한 거부는 사실 도덕적인 품위를 떨어트리는 일이다. 사랑과 용서의 메시지에 토대를 둔 하느님 말씀의 관례적 실천이 기독교 신자들에게서 불관용을 부추긴 것처럼 말이다. "당신의 기독교에 대한 일체의 옹호는 당신에게 기독교가 없기 때문에 가능하다." 니체는 《인간적인, 너무나 인간적인》에서 이미 그렇게 의심한 바 있다.

> **"양심은 자기 내부에 있는 신에 대한 숭배이다. 왜냐하면 그 행위는 자기 자신의 신성에 대한 관찰이기 때문이다. (……) 하지만 의무를 위한 의무, 순수한 그 목적은 실효성이 없다." 헤겔 《정신현상학》**

어떤 도덕적 딜레마의 경우 각자가 차지하는 위치와 비용 면에서 반드시 하나를 선택해야만 하는 극적인 상황을 만들기도 한다. 산부인과 의사가 산모 혹은 태아 중 하나를 살리기 위해 다른 하나를 희생시켜야 하는 어려운 선택을 해야 할 경우라든가……. 도덕적 원칙을 두고 싸움을 초래한 그 같은 대립 너머에는 본래 타협을 모르는 알력이 있기 마련이다. 이제 그러한 알력은 '도덕의 딜레마'로 불릴 것이다.

딜레마의 한쪽에서는 원칙은 무조건적으로 존중되어야 한다고 말한다. 원칙에 대해 거론하는 것이 사실상 그것의 타당성에 대한 검토가 되어 버리고, 선과 악의 경계를 치명적으로 무너뜨리는 일이 되지 않으려면 말이다. 따라서 폭력은 원인으로부터 자신을 지키기 위해서라도 결코 행해져서는 안 된다. 그 폭력이 아무리 타당하더라도 말이다. 왜냐하면 루소가 말했듯이, "신을 위해 행한 일체의 폭력만큼 악마를 만들어 내는 일은 없기 때문이다."

우리는 어떤 상황에서도 자신의 원칙에 충실할 수 있는가?

딜레마의 다른 한쪽에서는 도덕이 초래한 가장 큰 위험이 도덕 지상주의라고 말한다. 도덕 지상주의는 설교조의 교만한 비난과 같으며 상황의 특수성을 고려하지 않은 채 아래를 내려다보고 거만하게 판단을 내리는 것이다. 도덕 지상주의는 구체적 삶에 원칙을 적용하는 대단히 중요한 문제를 단념함으로써 선의 이름으로 악을 낳는다. "인간은 천사도 짐승도 아니다. 천사가 되려는 자는 짐승이 된다. 여기에 불행이 있다." 파스칼의 《팡세》는 본보기가 되는 지혜이다. 결국 올바른 도덕적 태도는 그 딜레마를 통합하고 그 경계를 명확히 구분하는 것을 거부하는 데 있지 않겠는가? 여러분은 우리가, 다른 사람에 대해 판단하기를 종종 단념하고 공정함과 엄격함을 결코 혼동하지 않는 사람들의 도덕적 완전함에 대해 감탄한다는 사실을 알고 있었는가? 그들은 카프카가 자신의 《일기》에서 기록한 것과 동일한 차이, 동일한 아이러니를 중요하게 여긴다. "악과의 싸움은 악으로 끝난다. 여자들과의 싸움이 침대에서 끝나듯이 말이다." 우리는 이 같은 사실로부터 도덕적 교훈을 얻어야 할 것이다.

승부차기

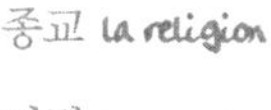

014 종교 la religion
승부차기

> "신은 죽었다. 하지만 인간의 본성 때문에 아마도 신의 그림자가 드리워진 동굴들은 수천 년 동안 계속해서 존재할 것이다." 프리드리히 니체 《즐거운 지식》

경기는 정규 시간과 연장전을 통틀어 마지막을 향해 치달았다. 누구도 승리를 거두지 못했다. 더 이상 누구도 승리할 것 같지 않았다. 그러나 승자가 있어야만 한다……. 승자를 가려야만 하는 승부차기 시간이 다가올 것이다. 저마다 러시아 룰렛, 주사위 놀이, 혹은 복권 등을 떠올리겠지만, 승부차기는 누가 뽑힐지 모르는 제비뽑기와 상당히 유사하다. 주연 배우든 관객이든 저마다 정도의 차이는 있겠지만 영험한 기운을 얻으려고 애쓴다. 혹은 적어도 불운을 피하려고 애쓴다. 기도를 통해서, 개인적인 의식을 통해서, 샤먼과 어울릴 법한 정령의 강생을 통해서 말이다. "운명이 우리를 저버리는 일은 결코 없을 거야……."

페널티킥 이전에 느껴지는 선수들의 불안, 결승의 날을 맞아 어느 누구도 규칙을 위반하려 하지 않는다. 오히려 그 반대이다. 경기장에서 카메라의 시선은 잔디밭과 손가락에 차례로 입을 맞추고 무언가 불가사의한 말을 내뱉으며 허공에 풀포기를 날리고 있는 선수를 잡아낸다. 또 다른 쪽에서는 골키퍼들 중 한 사람이 달려가 골대의 두 기둥과 포옹한다. 틀림없이 행운을 얻기 위해서일 것이다. 감독이 선택한 선수들은 센터서클 안에 머물며 서로 껴안거나 손에 손을 잡고 있다. 마치 대서양 저편(미국)에서 넘쳐나는 전도 대원들처럼 말이다. 축구라는 신명재판(神明裁判, 물, 불 등으로 죄를 가리는 가혹한 중세식 재판)이 이제 곧 열릴 것이고 경기의 신은 선택을 할 것이다. "주사위는 던져졌다."

축구는 운 좋게 시합을 끝내려는 시도 이외에 종교적 감흥으로 가득 찬 모습을 보여 준다. 경기 중에 만들어진 관중들의 모임은 마치 종교적 의례에 충실한 대미사와 흡사하며 이 모임에서 이루어지는 일체의 모든 행동은 종교 의식과 유사하다. 즉 경기가 진행되는 세부적인 순서, 연간 계획에 따른 경기 일정의 조직, 관중들이 경기장 상황에 응답하며 보이는 동작 혹은 경기장으로 나가기 전 신의 자비를 구하는 선수들의 동작 등은 통상 종교 의식과 관련된 특징들을 떠오르게 한다. 관중석에서 터져나오는 '올라ola' 라는 함성을 생각해 보자. 이러한 함성은 관중들로 하여금 차례로 일어나서 일종의 인간 파도를, 즉 집단적 기쁨을 나타내도록 만든다. 선수들이 가지고 있는 징크스와 성호 긋기에 관한 지극히 개인적인 해석에 대해서도 생

각해 볼 수 있다. 예를 들어 잔디밭에 입을 맞추고 매번 같은 쪽 발로 경기장에 들어서며 호각 소리가 들리기 전에 하늘을 보는 행동 말이다. 이러한 행동들에는 종교적인 의미가 내포되어 있다. 결국 시합은 모든 종교 의식처럼 입문적인 의식의 요소를 포함한다. 즉 아버지는 자신의 아들이 경기장에 갈 만한 나이가 되었다고 판단되면, 모든 것이 '처음'인 어른들의 세계에서 통과의례들 중 하나를 실행하는 것이다.

이제 열정의 극도로 의식화된 측면과 문화적 측면은 축구를 종교의 형태와 동일시하기에 충분해 보인다. 하지만 아니다. 왜냐하면 이 경우 의식화의 형식을 필요로 하는 저마다의 인간 활동이 종교적 해석을 야기할지도 모르기 때문이다. 일하러 가기 전에 카페 카운터에서 마시는 커피 한 잔이 반드시 필요하다고 해서, 그러한 습관을 종교적 의미로 해석할 수 있는 것은 아니다. 일상생활은 단지 우리의 행위를 조직화하고 구조화할 필요성을 불러일으킨다. 특히 다양한 정신적 기능(불안의 해소, 에너지의 활성화 등)을 충족시키는 그러한 유형의 기준을 부과함으로써 말이다. 축구는, 성스러운 것과 맺고 있는 관계를 통해 볼 때 다른 무엇보다도 종교와 유사하다. 둥근 공의 역사 속에서 존재했던 가장 큰 별들을 생각할 때, 골키퍼가 스스로 대단한 능력을 갖게 되기를 이따금 부질없이 바라는 것을 볼 때 그런 생각이 든다.

어떤 선수들은 진정한 숭배의 대상이 되기도 한다. 예를 들면 마라도나 교敎는 1998년 이후 전 세계를 통틀어 가장 위대한 선수로 간주되는 사람, 즉 아르헨티나의 디에고 아르만도 마라도나를 숭배한다. 오늘날 마라도나 교는 전 세계 60개국에 걸쳐 10만 명 이상의 신도가 있는 것으로 알려져 있다(마라도나 교는 실제로 아르헨티나에 존재하는 신흥 종교이다. 마라도나의 열성 팬 바리오 라 타블라타가 1998년 10월 30일, 마라도나의 38번째 생일에 창시한 종교로 교주는 물론 교리와 십계명, 기도문 등도 갖추고 있다). 마라도나 교는 천제의 탄생으로부터 시작되는 교회력과 '우리의 디에고' (기독교의 주기도문에 해당함)와 같은 기도문도 갖추고 있다. 마라도나 교의 첫 번째 결혼식은 2007년에 거행되었다! 이처럼 우스꽝스러운 일이 아니더라도, 숭배와 심지어는 다른 선수들의 찬사조차 그들의 주인공을 둘러싸고 있는 '아우라' 때문이라는 것을 인정하지 않을 수 없다. 이 선수는 자신의 재능 때문에 우리와는 또 다른 차원에 속해 있으며 신비스러움과 심지어는 비밀까지도 위탁 받은 것이다. '성스러운 것' 의 어원적 의미처럼 그 이외에는 누구도 범접하지 못하는 비밀 말이다(성스러움은 알 수 없는 것을 만들어 내며 그 자체로서 숭배되어야 한다). 하지만 마라도나 역시 신성성의 본질적이고 부차적인 특징에 부합하는 인물이다. 즉 스타에게 신성성은 추락이라는 징벌을 각오해야만 근접할 수 있는 가치이다. 한편 반은 인간이고 반은 신인 세계적 스타는 대다수의 사람들로부터 점점 더 단절되고 보호된 미디어라는 무균실 안에서 살아가게 되며 사람들의 열광적인 숭배는 스타에 대한 위협으로 나타나기도 하고…….

"성스러운 것은 금기가 보호하고 격리시킨 것이며, 세속적인 것은 금기가 자기 것으로 만들려고 골몰하고 성스러운 것과 떨어져 있어야만 하는 것이다. 성과 속의 관계(혹은 대립, 양립)는 종교적 행위의 본질이다." 에밀 뒤르켐 《종교 생활의 원초적 형태》

축구의 신성성은 최고의 배우들(스타)을 통해서만 나타나는 것은 아니다. 그것은 주로 '가치'에 대한 애착의 형식으로 표현된다. 그 가치는 선수들보다도 초월성의 명령과 더 밀접한 관련이 있다. 초월성이 없다면 성聖과 속俗의 차이는 있을 수 없다. 그런데 어떤 서포터즈들에게는 그들의 클럽이나 팀이, 선수들이 지켜내야만 하는 가치 전체를 구현한다. 즉 경기에 의미를 부여하고 현대 축구와 밀접한 개인적 이익 혹은 경제적 이익을 초월하는 가치 말이다. 그 가치는 저마다의 색채에 대한 존중, 전통에 대한 기억, 지역적 자부심이나 신체적인 대결을 뜻한다. 서포터즈들이 자신들 경기장의 신화적 이름을 상업적인 상표로 대체하는 것에 항의하거나 축구의 상업화를 신성모독과 동일시하는 것은 바로 이러한 자신들의 가치에 신성성을 부여하기 때문이다. 클럽들의 경기가 열릴 때면 초점은 단순한 스포츠에서의 지배권을 초월하는 경우가 대부분이다. 예를 들어 역사적 가치가 목적일 때도 있고(파리 생 제르맹은 올림픽 마르세이유의 비난 섞인 지방자치에 대해 거만한 중앙집권을 내세운다), 때로는 정치적 가치가(레알 마드리드는 FC 바르셀로나의 카탈로니아 자치 운동파의 저항에 대해 프랑코 장군 파와의 수상쩍은 관계를 내세운다), 심지어는 가톨릭인 셀틱과 개신교인 레인저스 사이의 글래스고우 더비(같은 연고지에서 경쟁하는 두 팀을 말한다)에서 종교적 가치가 등장하기도 한다. 그 가치는 스스로를 종교적 영역과 동일시하는 초월적 차원을 지니고 있다. 왜냐하면 그 가치는 경기 자체가 지니지 않은 의미를 경기에 부여하기 때문이다. 요컨대 기독교의 용어를 빌리자면, 그 가치는 경기를 "의로운 존재로 만든다."

축구의 역사를 증언하는 사람들은 저마다의 입장에서 축구에 중요성을 부여하기 위해 신화 속 혹은 성경 속에 있는 수많은 이야기들의 일반적인 특징을 주저하지 않고 다시 끄집어낸다. 축구의 역사에서 경기를 창조하고 동시에 축구의 정신을 구현했다고 간주되는 영웅적이고 예언자적인 인물들인 '위대한 선배들'(영국의 보비 찰튼, 스코틀랜드의 빌 샹클리, 독일의 베켄바워)을 언급하면서 말이다. 승부차기가 이루어지는 숨 막히는 시간, 망설이지 않고 축구의 신에게 자비를 구하는 관중들이나 해설자들에 대해서는 두 말할 필요도 없다.

하지만 용어의 전통적 의미에서 축구를 종교와 비교한다면 현격한 차이가 드러난다. 축구는 본질적으로 구원이나 영생을 얻게 될 사후 세계에서의 신앙이나 믿음에 대해 말하지 않는다. 무엇보다 축구는 죄나 죽음으로부터 그 누구도 '구원하지' 못한다. 아스널의 런던 클럽 팬들은 어떻게 생각할지 모르겠지만 말이다. 최근까지도 팬들은 그들의 선수가 고인이 되면 그 유해를 하이버리 경기장 잔디밭에 뿌릴 수 있었다. 이 경기장이 문을 닫고 이후 항공사 이름을 단 새로운 구장이 다시 지어지기 전까지 말이다! (런던을 연고지로 하는 프로 축구팀 아스널은 1913년에서 2006년까지 하이버리 경기장을 홈그라운드로 쓰다가 이후 UAE 항공사가 스폰서가 된 에미레이트 구장을 사용하게 되었다.) 그런데 내세에 대한 믿음이나 약속이 없는 성스러움이 무슨 가치가 있을까? 토론의 쟁

"종교 비판의 원칙은 인간이 종교를 만들고 종교가 인간을 만들지 않았다는 데 있다." 마르크스 《헤겔 법철학 비판》

점이 바로 여기에 있다. 왜냐하면 불교 추종자들은 그들의 그러한 행동이 분명 종교적인 것에 속한다고 반박할 것이기 때문이다. 사실 종교에 대한 정의는, 특히 어원의 이중적인 기원 때문에 항상 위험한 문제에 부딪힌다. 전문가들에 따르면, 라틴어의 '종교 religo' 라는 단어는 '연결하다' 라는

라틴어 'religare' 에서 유래하였고, 인간의 신에 대한, 신의 계율에 대한 관계를 의미하지만 또한 성도 공동체와의 관계를 뜻하기도 한다. 즉 종교라는 단어는 '모이게 하다', '거두다' 라는 의미의 동사 'religere' 에서 유래하였고, 이 동사는 '타인' 의 존재와 '내세' 에 대해 기꺼이 마음을 쓰기 위해 자신을 되돌아보는 행위를 의미한다. 따라서 종교적인 것과 종교적이지 않은 것을 확실히 구분하기란 매우 어렵다.

신앙 없는 종교가 존재할 수 있을까?
인간은 종교 없이 살 수 있을까?

마찬가지로 종교적 감정은 어디서나 드러나기 때문에 종교의 특수성을 고려하지 않은 채 종교를 미신, 물신 숭배, 우상 숭배 등의 단순한 지위로 밀어 넣을 위험성은 늘 높다. 한마디로 일체의 정신적인 태도는 보이는 것의 이편 혹은 저편에 어떤 세계가 존재한다고 믿으며 의지와 관련된 상황들을 만들어 낸다. 무신론자들과 마찬가지로 불가지론자, 회의론자 들도 그들이 운명을 떠올리거나 위험해 보이는 사다리 아래로 지나가지 않기 위해 가던 방향을 바꿀 때, 그와 같은 행동을 설명하는 데 있어 종교적인 감정은 아니더라도 틀림없이 그와 유사한 태도를

취하게 될 것이다. 종교에 관한 항상 동일한 정의가 가능하지 않다면, 절대적 영역으로서 그리고 실천으로서 다른 모든 것과 구분되는 종교란 존재하지 않으며 실제 종교는 현실과 관계하는 방식을 나타낼 뿐이라는 증거가 아니겠는가? 다시 말해 우리가 종교를 개별적이며 신비스러운 본질로서 생각하기 전에 실제적, 미적, 혹은 기술적 관련성을 두고 보는 것과 같은 이유에서, 경우에 따라서 종교적이라고 부르게 될 세계와의 관계 형식에 대해 언급할 필요가 있을 것이다. 실제 종교와 종교적인 속성을 지닌 가치의 차이는 크며 그 둘을 구분하지 못할 경우 생기는 결과는 엄청나다. 그 차이는 우리가 주저하지 않고 축구의 종교적 차원을 인정할 수 있게 해 줄 것이다.

다음으로 종교와 종교적인 것을 동일시하는 태도는 신의 죽음과 세상에 대한 환멸, 무신론자의 증가 등과 관련된 거듭되는 선언이 집단적 믿음에 나타난 강한 호소력과 관계 깊다는 사실을 증명할 것이다. 이 집단적 믿음에는 먼저 일체의 종교적 믿음이 없는 가치들이 포함된다. 예를 들면 진보에 대한 예찬이나 유행하는 최신 기술이 만들어 낸 물신物神에 대한 물질주의자의 관심 등이다. 간략히 말해서 종교의 목적이 반드시 종교적인 것의 목적과 같지는 않을 뿐더러 종교와 미신 사이의 차이는 더 이상 그 특성에 있는 것이 아니라 정도에 있다. 이 같은 가정은 설득력 있어 보인다. 이 가정은 전통적인 종교에 대한 무관심과 일체의 행복을 약속하는 맹신의 물결 사이에서 현실적으로 확인된 모순에 대한 해결책을 제시한다. 즉 마케팅과 광고로 표현되는 행복에 대한 약속 말이다. 우리 역시 그러한 행복에 대한 약속이 있음을 숨기지 못하며, 축구는 '엔터테인먼트와 그 파생물' 이라는 점에서 그것의 일부를 이루고 있다. 하지만 그 대가는 상당히 크다. 왜냐하면 종교적 태도에 대한 이 같은 광의廣義의 접근은 결국 성스러운 것의 예외성을 약화시키기 때문이다. 신의 초월성과 관련 있는 예외적인 것에 대해서와 마찬가지로 말이다. 그런데 '종교적인 감정' 이, 그 신비로움을 지키고자 그것이 의미하는 바를 이해하려는 노력을 포기해야 하는가? 아니면 신앙을 지키기 위해 이성을 포기해야 할까? 결국 최초의 질문을 바꾸는 편이 더 나을 수도 있다. 축구의 사회적 중요성이 종교의 타락한 형태와 유사한지 묻는 대신에, 종교가 축구와 같은 이유로 일상의 현실을 믿거나 초월하려는, 인간 욕구의 있을 수 있는 쇠퇴에 불과한지 묻는 것 말이다.

015 권력_ 빵과 서커스 *le pouvoir*
승부차기

> 정치인은 아버지가 자식들에게 갖는 마음 혹은 목동이 양들에게 갖는 마음을 국민에게 갖고 있을까?

이탈리아는 좋은 기회를 맞았다. 프랑스의 트레제게가 찬 공이 포스트바를 맞추더니 골라인 바로 앞쪽에서 튀어 올랐다. 기회는 상대에게 넘어갔다. 경기 초반 지단의 페널티킥도 같은 방향이었지만 트레제게와 달리 그의 공은 불과 몇 센티미터 차이로 성공을 거두었다. 이제 이탈리아의 그로소가 슛을 시도하러 앞으로 나아간다. 그의 발끝에 승부가 달려 있다. 그가 골을 성공시킨다면 이탈리아는 세계 챔피언이 된다. 매치 포인트……. 그로소의 발을 떠난 공은 아직 골대의 그물망에 닿지 않았지만, 결과는 의심의 여지가 없었다. 바르테즈는 잘못된 방향을 선택했다. 그는 이탈리아의 후방 수비수와 반대 방향을 선택했고 돌이킬 수 없었다. 골이었다! 경기장은 일순간 폭발했다. 선수들은 그라운드 위에서 서로 부둥켜안고 야단법석을 떨었다.

마침내 대관식이 시작되었다. 카메라는 의장석과 유력 정치 인사들이 모여 있는 곳을 오래 비췄다. 코피 아난 유엔 사무총장과 유럽 위원회 집행위원장 조제 마누엘 바호주, 프랑스 공화국의 자크 시라크 대통

령, 앙겔라 메르켈 독일 총리, 2010년 월드컵을 개최하게 될 남아공의 타보 음베키 대통령 등이 보였다. 최근까지도 주최국의 정치 지도자들이 저 유명한 피파 컵을 수여하는 것이 관례였다. 선수들은 어린아이들처럼 고위층 인사 앞에 도열하여 마치 학교에서 상을 받듯이 보상(컵이나 메달)을 받았다. 둘 사이에 비교가 옳다면 패자는 형식적인 두 번째 상을 받는 것으로 만족할 수밖에 없었다.

늘 그렇지만 이러한 의식은 상당히 통제된 듯한 느낌을 준다. 통치권자(군주나 대통령)는 한 달 전에 월드컵 개최를 선언하고 결승전이 끝나면 다시 돌아와 축하와 우등상을 건네주며 경기 종료를 알린다. 피파FIFA는 텔레비전 방송에 상당히 적합하지 않은(틀림없이 어느 정도 경제적인 이유에서) 그러한 의식을 2002년 이후 폐지하였다. 사실 그랬다. 승리 팀의 주장이 트로피를 들어 올리는 순간은 그의 주변을 둘러싼 군중들 때문에 잘 보이지 않았다. 잔디밭 위로 솟아올라 눈에 잘 띠는 시상대에 설치되어 있는 광고판은, 경기의 스폰서이며 권리를 보유하고 있는 기업이 자신들의 로고를 새겨 넣어 마케팅에 활용한다. 하지만 선수들이 더 이상 시상대에 올라가지 않는다고 해서 지도자들이 다른 선택을 하는 것은 아니다. 이제 최고의 축구 권력을 대표하는 피파 회장단이 최고의 권력자로서 대신 트로피를 수여할 것이다.

그렇지만 누구도 잊지 못할 1998년 프랑스 월드컵에서의 우스꽝스러운 에피소드가 있다. 그 시절의 대통령인 자크 시라크는 연단을 꿋꿋하게 지키고 있었다. 사람들은 그가 국가대표팀의 열정이 불러일으킨 열광의 물결을 독차지하고 싶어 하는 것은 아닌지 의심했다. 모든 사람들이 그가 축구에 대해 아는 것이 아무것도 없으며, 대중들이 열광하는 이 같은 한때에 관심 있는 척 할뿐이라는 사실을 알고 있었다. 하지만 어쩔 수 없었다. 프랑스는 더 이상 그의 지배를 칭송하지 않았지만 자크 시라크는 자신에게 주어진 국가의 주인장으로서의 특권과 정치적 이익을 포기할 생각이 조금도 없었다. 또한 승자들을 칭송하거나 혹은 파비앙 바르테즈의 대머리에 입을 맞추어 프랑스 대표팀을 축복할 생각도 없었다.

축구 경기장에 있는 통치자의 존재는 주기적으로 자신의 역할에서 벗어나 엄격히 정치적인 기능의 틀 밖에서 자신의 '합법성'을 강화하려는 국가 권력의 필요성을 증명한다. 합법성은 법적으로 세워지고 법으로 인정되며 법에 적합하게 부여된 권력의 특성을 나타내는 것임을 기억하자. 이 같은 현상에 직면하여 첫 번째 바람은, 항상 탐욕스러운 통치자들의 정치인다운 속셈에 대해 고발 형식의 분석을 하는 데 있을 것이다. 그들의 권력을 통치권 실행의 한계 이상으로 강화하고자 하는 탐욕 말이다. 하지만 시민인 우리들의 공모 없이는 일어날 수 없는 일임을 또한 쉽게 잊지 말자. 우리의 통치자들은 우리에게 그들 권력의 코미디에 참여하도록 요구하며 우리는 그것을 쉽게 받아들이곤 한다. 그들이 군중에 휩싸여 있을 때 그들을 알아보고 그들과 악수할 영광에 흥분하는 우리의 모습을 생각해 보자.

파스칼은《귀족의 조건에 관한 세 가지 서설》에서 우리가 "만들어진 권위(계급상의 지위, 관습이나 관례로 굳어진 신분)"와 "타고난 권위(소질, 타고난 재능)"를 혼동하고 있음을 지적했다. 자신의 혈통으로 인해 사회적 우위를 지니고 있다고 믿는 많은 귀족들의 거만이 그 증거이다. 왕의 결정으로 '만들어진' 귀족 신분임에도 말이다. 따라서 생각 없이 격분하는 것은 적절하지 않다. 차라리 축구와 정치 사이의 불가피한 공모가 권력의 성격 자체와 어떤 관련이 있는 것은 아닌지 묻자. 정치의 합법성은 권력에 대한 존중과 복종을 담보할 만큼 충분한가? 권력은 그것의 영속을 위해 항상 공연적인 요소(연극적인 의미에서), 심지어는 연출을 요구하고 있지 않은가? 어쩌면 이런 주장까지 하게 될지도 모른다. 즉 권력은, 예를 들어 파스칼이 언급한 두 가지 종류의 권위 사이에 혼동을 일으키기 위해, 착각의 도움에 의존하는 것은 아닌가?

권력은 따라야 할 만큼 충분히 합법적인가?

통치자의 존재는 국가 최고위 당국의 대표로서 정당화된다. 그런데 그들은 경기장에서도 대표로서 존재한다(1904년 피파가 만들어졌을 때 정한 규칙에 따라, 축구 경기는 "절대적이고 비타협적인 중립적 지위를 지켜야 한다"는 의지에도 불구하고 말이다). 이는 권력이 공권력과 결부된 형태와는 또 다른 형태의 권한과 영향력을 구현하려 애쓴다는 사실을 보여 준다. 조금 전과 같은 시상식에서 통치자들은 자신들의 이익을 위해 아버지의 모습과 같은 영향력, 소위 말해 타고난 권력을 행사함으로써 저항할 수 없는 매력을 독차지한다. 정치 체제에서 협의에 의해 위임 받은 권력을 행사하는 것과는 달리 말이다. 이러한 관점에서 본다면, 국가 원수는 공화국의 진정한 군주로서 흔히 자신을 "국부"라고 주장하는 왕들처럼 행동한다. 대통령의 특별석(극장 오케스트라 바로 왼쪽 발코니의 박스로 된 좌석)은 더욱이 극장에서의 왕의 자리를 떠올리게 한다. 군중집회가 열리면, 오직 법률에 토대를 두고 세워진 합의적 권력의 본래 모습은 권력의 화신의 이익을 위해 뒤로 밀려난다. 대표의 기능이 대표자 뒤에서 사라져 버리는 것이다.

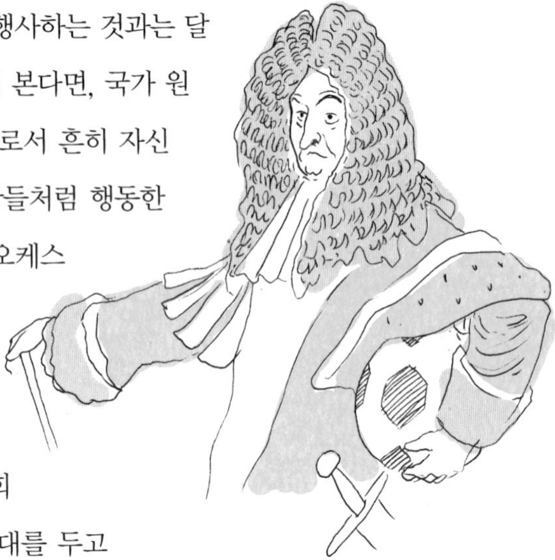

자신의 영향력을 구현하기 위해 권력은, 상황에 따라 여러 형태의 심리적 영향력을 행사한다. 통치자들은 아버지의 역할 이상으로(영국 여왕이라면 할머니의 역할) 때로는 최고 사령관의 말투를 쓰고(국가가 전쟁 중일 때), 때로는 신의 대리인의 말투를(미국 대통령은 성경에 손을 얹고 공개적으로 선서를 하며 다른 어떤 책도 대신할 수 없다), 때로는 가축의 무리를 보호하고 나아갈 곳을 가리키는 목동의 모습을 보이기도 한다.

"자유로운 민족은 복종하지만 섬기지는 않는다. 그들에게는 지도자가 있지만 주인은 아니다. (……) 그들은 단지 법률을 따르며 그들이 사람에게 복종하지 않는 것은 바로 이 법률의 힘 때문이다." 장 자크 루소 〈산에서 쓴 편지〉

"권력은 본래 평판과 흡사하다. 권력은 앞으로 나아갈수록 증가한다." 토머스 홉스 《리바이어던》

여러 국가들은 저마다의 차이에도 불구하고, 제도의 구성과 제도 안에서의 권력, 그리고 권력과 그것을 행사하는 것 사이의 분리에 관한 국민들 내부에서 이루어진 동의에 따라 구성된다. 일반적으로 헌법이나 협약은 원칙을 규정하고 합법성을 세우며 통치 권력의 행사를 정하는 법규로 불린다. 통치자들은 법규와 국가의 전통에 따라 위임이나 선거 결과로 위탁된 권력 혹은 합법적 절차에 의해 엄격하게 제한된 지시 등에 근거하여 그들의 권력을 쥐게 된다. 더불어 국민의 위임자들의 군중대회는 통치하기 위해 정치적 합법성에서 직접적으로 나온 수단과는 또 다른 수단을 동원할 필요성을 드러낸다. 권력의 화신이 몸소 '등장하여' 불러일으킨 열정과 감정에 영향을 받는 군중대회 말이다. 부득이하게도 권력이 합법적이지 못하다거나 엄밀한 의미에서 정치 수단과는 또 다른 수단을 행사해야만 한다면 말이다. 그 점을 인정하기로 하자. 정치 체계 중 가장 근대적인 체계는 공통의 원칙과 사회 질서에 대한 지지에 있어 제도의 합법성에 대한 인정을 유일한 기반으로 삼으려는 의지를 통해 정의되며 이상향에 불과할 것이다. 그 체계가 국민에게 감정적 수단을 사용하지 않는다면 현실적으로 정치권력의 행사는 이루어지기 힘들다. '권력은 연출된 것이다'라는 생각은 관찰된 분명한 사실과 다르지 않을 것이다. 우리가 권력의 본질에 대한 의견을 제시하여 그러한 생각을 더 완전하게 하지 않더라도 말이다. 모든 권력은 행사하고 유지하기 위해 노력한다.

국가의 권력은 헛된 기대에 토대를 두고 있을까?

그런데 본래의 목적이 부차적인 목적과 대립되기도 한다. 즉 우리는 권력의 약화에 대해서 말하지 않는가? 권력의 소유자들이 권력을 지키기 위해서는 그들이 단지 그들에게 권력을 위임한 사람들의 합의에 의해 권력을 유지하고 있음을(당연히 합의로써 그들을 해임할 수도 있는데 말이다) 위임자들로 하여금 잊게 하고 권력자가 가진 임무의 일시적인 성격을 감추는 것이 이롭다. 권력자들은 권력이 공간과 시간 속에서 항상 근원을 지니고 있으며, 따라서 권력은 하나의 '역사'라는 사실을 감출 필요가 있다. 만일 각각의 권력이 역사를 지니고 있다면, 결국 권력은 우발적이라는 사실을 방증하는 셈이다. 새로 선거를 하거나 정권이 붕괴되거나 심지어는 쿠데타가 일어날 경우 더 이상 존재하지 않을 수도 있다는 말이다. 그래서 권력자는(우두머리, 군주, 정부) 권력을 계속 유지하기 위해 가능한 한 '역사를 희석시키고'(즉 역사적 차원을 제거하고) 합의라는 자의성을 감추며 그 배경에서 권력의 기원이 되는 우발적 성격을 숨기려 한다. 권력의 분배와 정치 계급이 애초에 있는 그대로의 것인 양 당연시하려는 것이다. 파스칼의 표현을 빌려 말하자면, 직분은 사람에게서 나온 것이며 그 반대는 아니라는 것을 믿게 하기 위해 만들어진 권위를 타고난 권위로 변화시키려 애쓴다는 말이다. 그래서 아버지의 타고난 권위와 결부된 환상이나, 조상 때부터 이어온 것이며 따라서 타고난 것이기 때문에 복종해야만 하는 왕의 권위에 의존하는 것이다.

"사람들은 밖으로 드러난 당신을 볼 뿐이고 극소수만이 당신이 어떤 사람인지 안다. 또한 그 소수도 군주가 뒷받침하는 다수의 의견에 감히 맞서지 못한다." 마키아벨리 《군주론》

이미지를 만들어 내기 위해서는 무대가 필요하다. 축구 경기장은 웅장한 무대이다. 역사적으로 보면, 우리가 언급했던 축제 같은 상황보다 훨씬 못한 상황에서 근대의 독재자들은 강압에 대한 관심을 다른 곳으로 돌리고 빈약한 권력을 감추며 자신의 영광을 위해 스포츠 경기장을 악용할 줄 알았다. 1978년 아르헨티나 월드컵에서 군사 정부와 그 수장인 음흉한 비델라(아르헨티나의 군인이자 정치가로 쿠데타를 일으켜 대통령 이사벨 페론을 축출하고 대통령이 되었다) 장군이 자행한 정치적 회유를 생각해 볼 수 있을 것이다. 그는 축구를 싫어함에도 주저하지 않고 승자들 가까이에서 분열 행진했다. 따라서 이미지와 권력 사이의 관계에 대해 생각해 보며 축구 이야기를 마무리하면 좋을 것이다. 이때 권력은 지배라는 것이 신체적 속박 이외에 상징적 책략을 통해서도 이루어짐을 암시한다. 1936년 베를린, 아돌프 히틀러는 바로 그 경기장에서, 나치 체제가 바로 그 올림픽 경기에서 얼마나 많은 이익을 얻을 수 있을지 잘 알고 있었다. 우리로서는 다양한 통치자가 경기장에 들어서기 때문에 그를 잠재적인 독재자로 단언할 생각은 조금도 없다. 하지만 경기장을 둘러싼 담과 스포츠라는 사건은 신성성을 추구하는 권력의 연출을 지켜보기에 좋은 토양을 제공한다. 넓은 경기장, 군중, 열정에 찬 지지……. 그만큼 전시하기에 적합하고 권력의 구체화와 승화라는 이중의 필요성을 만족시키기에 충분한 조건들이 스포츠와 운동 경기장에는 존재한다.

권력을 장악한 사람이 권력을 남용하는 것은 불가피한 일인가?

에필로그 I

> **"나는 소크라테스를 내 곁에 두고 싶고 대단히 훌륭한 무언가를 낳기 위해 산파술을 배우고 싶습니다. 나는 학교에서 충분히 꼴찌를 해 보았기 때문에 더 이상 그렇게 하고 싶지 않습니다." 로제 르메르, 전 프랑스 대표팀 감독**

만일 축구가 철학과 관련이 있다면 철학을 축구에 적용할 수 있을까? 이 같은 질문에 대해 몬티 파이튼(영국의 코미디 집단)은 1972년 독일 뮌헨 올림픽에서 독일 철학자 팀과 그리스 철학자 팀 사이의 시합을 패러디하여 대답을 내놓으려 했다. 촌극은 두 팀을 소개하면서 시작된다. 먼저 독일 팀이 경기장에 등장한다. 해설자는 독일 팀의 4-2-4 포메이션에 대해 말한다. 골키퍼는 라이프니츠, 수비는 칸트, 헤겔, 쇼펜하우어, 셸링이 맡는다. 공격 라인은 슐레겔, 비트겐슈타인, 니체, 그리고 하이데거가 맡고, 중원은 베켄바워와 야스퍼스 콤비가 책임진다. 모든 선수들은 분명히 자신과 동시대의 복장을 하고 있는데 유일하게 진짜 축구 선수인 베켄바워만이 예외이다. 이번에는 그리스 팀이 경기장에 등장한다. 그들은 고대 로마의 치렁치렁한 토가를 입은 강한 인상을 주는 군단이었다. 그리스 팀은 베테랑인 헤라클레이토스가 중원을 차지하고 척추 라인에는 골키퍼 플라톤, 리베로 아리스토텔레스, 소크라테스가 공격을 맡고 있다. 아르키메데스가 선발 출전한 것이 의외이다.

주심은 공자이고 부심은 후광이 확연한 성 아우구스티누스와 토마스 아퀴나스이다. 공자가 경기 시작을 알리자 예기치 못했던 사건이 일어났다. 독일 선수들이 공을 차려는 순간 스스로도 어쩔 수 없는 의문에 사로잡혀 움직일 수 없게 된 것이다. 그래서 그들은 뒷짐을 지고 경기장 곳곳을 거닐며 명상을 시작했다! 그리스 팀에서도 선수들이 깊은 명상에 빠졌는데 가끔 두 손을 내리치며 생각을 중단하는 것으로 주체하기 힘든 강렬한 생각을 밖으로 표출했다. 해설자는 상당한 시간 동안 경기가 이루어지고 있지 않다고 말한다.

후반전도 전반전과 마찬가지였다. 옐로우 카드를 받은 니체는 심판에게 자유의지가 없음을 비난했다. 경기 시작 88분, 비트겐슈타인은 한참 동안 터치라인을 따라가며 힘차게 몸을 풀던 마르크스와 교체되었다. 마르크스는 그의 열정과 에너지 덕분에 경기 종료 몇 분을 남겨 두고 교체되었을 것이다. 하지만 경기에 투입되자 그는 갑자기 이성적 사유에 몰두한다. 경기 종료 1분을 남겨 두고 상황이 역전되었다. 아르키메데스가 "유레카!"를 외치며 공을 찼다. 행동 개시였다. 마침내 그리스 선수들은 여전히 수동적인 독일 선수들을 앞에 두고 시합을 시작했고, 소크라테스는 머리를 아래로 향하는 멋진 슛으로 유일한 득점을 기록했다. 헤라클레이토스가 잘 제친 것을 아르키메데스가 소크라테스에게 센터링으로 넘겨 준 공이었다. 독일 선수들은 심판에게 철학적 주장을 펼치며 즉각 항의했다. 헤겔은 "현실은 비자연주의 윤리의 선험적 부속물에 불과하다"고 확언한다. 칸트는 "현실은 오직 상상 속에서만 존재론적 존재일 뿐이다"라고 주장한다. 마르크스는 "유물론의 사실주의적 정착"을 이유로 단지 오프사이드였을 뿐이라고 선언한다……. 그리스 팀은 너무 늦었지만 승리하였고 환호하는 군중들 앞에서 손에 트로피를 든 채 우승 퍼레이드를 시작하였다!

이 같은 우스꽝스러운 패러디는 축구 선수로서의 철학자와 결부된 선입관을 새롭게 연출한 것이다. 즉 그들은 우리와는 다른 세상에 사는 지극히 순수한 사람들이라는 일반적인 생각으로부터 시작된 것이다. 왜냐하면 그들은 행동하는 것을 무한정 미루게 하는 수많은 질문들로 뒤엉킨 의지 때문에 늘 제대로 행동하지 못하기 때문이다.

전통적으로 철학자의 모습에 부여된 비유를 보면, 사고와 일상의 삶은 서로 양립할 수 없는 것처럼 보인다. 렘브란트의 작품 〈명상 중인 철학자〉(1632)를 생각해 보자. 흰 수염에 무척이나 수척한 노인이 어두운 방 안쪽에서 생각에 잠겨 있다. 그의 옆에는 유일한 조명인 양초가 불을 밝히고 있어 그곳을 마치 동굴처럼 보이게 한다. 그는 세상과 집안일에 대한 근심에서 벗어나 있는 것 같다. 방의 다른 쪽 구석진 곳에는 하녀 하나가 그를 위해 불씨를 피우는 일을 맡고 있다. 두꺼운 옷을 입은 노인은 혼자 다른 세상에 있는 것 같다. 그의 시선은 그가 우리와는 다른 세상, 기나긴 입문의식 이후에 인생의 말년에만 이를 수 있는 추상과 관념으로 이루어진 수수께끼 같은 세상과 소통하고 있음을 나타낸다. 어떤 세상에서 문은, 오직 육체적 유혹과 보통 사람들의 헛된 다사다망을 단념할 용기가 있는 사람에게만 열려 있다. 이 방에서 철학자는 결국 생각하기 위해서만 사는 것이며 오직 생각에만 몰두해 있다. 이미지로 된 그림들과 재현된 묘사에 이르기까지 철학자에 대한 평판은 어디서나 마찬가지이다. 이 기이한 인물은 오직 "머리를 잡기 위해서"(비유적으로는 골몰하여 정신을 가누지 못한다는 의미가 있다)만 손을 사용하기도 한다. 샤를 페기(프랑스의 시인이자 사상가) 역시 그에 대해 부당하게 말했다. "그는 순수한 손을 지녔다…… 왜냐하면 그는 손이 없기 때문이다." 요컨대 일반적인 스포츠, 특히 축구와 철학은 큰 차이가 있다. 축구는 신체를 사용할 것과 그것의 참여를 요구한다. 축구는 생리적인 힘을 느끼게 하고 인간의 본성과 한계를 만나고자 하는 욕망을 드러내도록 만든다. 겉으로 보기에 축구는, 렘브란트에서 몬티 파이튼에 이르기까지 예술적 혹은 해학적 표현을 통해 견고해진 철학적 활동과는 상당한 거리가 있어 보인다.

이 책은 사회적 통념을 공격하기 위한 사명에서 만들어졌다. 우리는 진행 중인 사건의 한복판, 바로 이 경기장에서 흔히 나타나는 사회적 삶에 몰두하고, 본질적으로 중요한 만큼(축구는 죽고 사는 문제이기도 하다) 터무니없이 쓸데없는(축구는 아무 짝에도 소용없다) 것이기도 한 이중의 상반된 특징으로 나타나는 활동에 자극 받기도 하며 생각할 거리를 찾아보았다. 우리의 생각과는 달리 위대한 철학자들은 항상 우리보다 훨씬 더 구체적이며 우리가 생각하려고 애쓰면서 삶에 가까이 다가서는 것보다 훨씬 더 삶에 근접해 있다. 그들에게 사색은 삶과 무관하게, 아무 의미 없이 이루어지는 여가가 아니며, 바로 그 관념 덕분에 생각과 삶, 감성과 관념 세계, 존재와 사고의 조화가 가능한 것이다.

철학 입문자들이라면 더더욱 그들을 힘들게 만든 책을 이해하려고 오래도록 애쓰다 마침내 의미를 깨닫게 되는 날에 느끼는 충만감을 잘 알 것이다. 바로 그 순간 지성의 작용은 우리에게 힘이 솟구치는 듯한 감각을 체험하게 한다. 마치 지성에 대해 생각하는 행위 자체가 세상에서의 우리의 존재를 이전보다 더욱 예리하고 더욱 강하며 더욱 명백하게 만들어 주는 것처럼 말이다. 독자는 철학이 자신을 더욱 활기차게 만들고, 우리의 판에 박은 분류, 거짓 구분, 자의적 대립, 실제적인 확신 등이 별 가치가 없다는 사실을 경험했을 것이다. 하물며 철학에 관한 생각이 문제가 된다면 말이다.

1981년 당시 브라질은 15년 이상 군사 독재를 겪고 있었다. 브라질에서 가장 큰 클럽 중 하나가 자신의 구단 기旗를 민주주의를 위한 싸움의 상징적 모델로 만들기로 결정했다. 바로 상파울로의 '코린티안스'가 오늘날까지도 찬양되고 있는 정치적 시도를 감행했던 것이다. 선수들은 국민의 자유를 위해, 반대파에 대한 억압 속에서 이루어진 왜곡을 고발하기 위해 코치들을 내쫓고, 노동자들(선수들)만의 자율적인 체제를 팀 내부에 만들었다. 훈련에서부터 휴식에 이르기까지 모든 것이 투표로 결정되었다. 경기장을 관중석(토론의 장)으로 바꾸고자 한 선수들은 챔피언리그 동안 그들의 흰색 유니폼에 '데모크라시아 코린티아나' 라는 글자를 보란 듯이 새겨 넣었고 반항을 나타내는 상징적 행동들을 되풀이했다. 그날 코린티안의 민주주의 모험은 축구를 정치와 민주주의 투쟁의 매체로써 가장 훌륭하게 사용한 시도로 남아 있다. 물론 이 모험이 독재를 사라지게는 못했지만 1985년 독재 정권의 파멸을 가져온 과정에 큰 기여를 한 것은 사실이다. 어쨌든 이 모험은 축구를 소위 바보 만들기라고 경멸하는 모든 사람들에게 어떤 불가피한 상황에서도 축구가 그 애호가들이나 그것에 열광하는 사람들을 정치에 무관심한 소비자들로, 좋게 말하면 멍청이로 나쁘게 말하면 과격한 사람으로 바꿔 놓지는 않는다는 사실을 상기시켜 준다.

축구화를 신고 이 같은 저항을 한 가장 걸출한 주동자들 중 한 사람이 바로 코린티안스의 주장이자 당시 브라질 대표팀의 주장이었던 소크라테스였다. 독학한 노동자인 그의 아버지가 그리스 철학자를 존경하여 그에게 그런 이름을 지어 주었다. 그는 소크라테스처럼 보란 듯이 긴 수염을 내세우고 있어서, 몬티 파이튼이 상상해 낸 유쾌한 그리스 사상가 무리들과 별반 어렵지 않게 뒤섞일 수 있었다. 하지만 이 소크라테스는, 철학자는 두 다리밖에 없다는 진부한 표현과는 달리, 자신의 두 다리만큼이나 머리도 잘 쓸 줄 알았다!

에필로그Ⅱ

축구 초보자들을 위한 규칙 설명!
그리고 이 책에 관한 몇가지……

대부분의 사람들이 이 정도 축구 규칙은 알고 있다. 축구는 11명의 선수가 두 팀으로 나뉘어 90분 동안 경기를 하면서 상대보다 많은 골을 넣으면 이기는 스포츠이다. (정규 시간이 끝나고도 무승부일 경우 120분까지도 한다.) 그렇지만 축구 초보자들을 위해 규칙을 몇 개 더 소개하기로 하자.

1. 페널티킥은 자신의 페널티 에어리어 안에서 반칙을 저지른 팀을 벌하기 위한 규칙이다. (골키퍼는 페널티 에어리어 안에서 손을 사용할 권리가 있다.) 일대일 대결에서처럼, 상대 선수는 혼자서 골대로부터 십여 미터 떨어진 지점에서 골키퍼와 맞서고, 득점하기 위해 슛을 시도할 수 있다.
2. 축구 경기에서 가장 복잡한 규칙은 오프사이드이다. 축구 규칙 11조에 따르면, 한 선수가 상대편 선수 두 명(골키퍼 1명 포함)과 공보다 골라인 쪽으로 더 깊이 들어가 있을 때 오프사이드가 인정된다. 이

선수가 상대편 선수 두 명과 동일선상에 있을 때는 오프사이드 규칙이 적용되지 않는다. 이 규칙을 위반했을 경우 심판은 호각을 불어 잘못을 알린다. 간략히 말해 이 규칙은 공격수들이 상대 골포스트 앞에서 계속 머물러 있지 못하게 하고, 선수들을 경기장 곳곳으로 분산하려는 목적에서 만들어졌다.

3. 승부차기 규칙은 정규 시간이 끝난 후에도 동점일 경우 두 팀의 승부를 가리려는 목적으로 만들어졌다. 각 팀에서 다섯 명의 선수가 번갈아가며 공을 찬다. 만일 다섯 번을 다 차기 전에 이미 승패가 확실해졌다면 남은 공은 차지 않는다. 다섯 번을 모두 마쳤는데도 무승부일 경우에는 한 팀이 다른 팀보다 더 많은 득점을 얻을 때까지 각 팀에서 한 명씩 번갈아 가며 공을 찬다.

1장에 있는 삽화는 제롬 보쉬(1450?년~1516년 네덜란드의 화가이며 상상 속의 풍경을 담은 작품들을 많이 그렸다)의 그림 〈미치광이들의 배〉(1491)를 떠올리게 한다. 이 그림을 보면, 키잡이 없는 배에 악덕과 죄악(탐욕, 음주벽, 방종)을 떠오르게 하는 인물들이 스스로의 파멸을 향해 노를 저어가고 있다.

15장의 부제인 '빵과 서커스'는 라틴어로 'Panem et circenses'이며 로마 시인인 유베날리스가 2세기 초반에 로마 시민들의 퇴폐적 풍속을 풍자한 말로, 로마 시민들은 너무나 타락하여 정치권력은 빵과 서커스를 베푸는 것으로 충분히 그들을 지배할 수 있다는 뜻이다.

옮긴이의 말

독일 월드컵이 언제 개최되었고 어느 나라가 우승했는지 모르는 사람도 지네딘 지단의 저 유명한 '박치기 사건' 쯤은 다 알 것이다. 축구에 관심이 없는 사람들조차 말이다. 이 책은 2006년에 있었던 프랑스와 이탈리아의 독일 월드컵 결승전을 다루고 있다. 특히 경기 시작 바로 직전의 경기장 상황에서 시작하여 전·후반 90분, 연장전 30분, 승부차기, 시상식까지의 모든 상황을 시간대별로 나누어 분석한다. 얼핏 보면 축구 경기를 다루고 분석하는 글인 듯싶지만 이 책은 '축구로 철학 읽기'를 시도하며 더 엄밀히 말하자면 축구와 철학 모두를 다루고 있다.

저자가 "내 성찰은 시합의 환경과 관련된 사실이나 관찰로부터 나온 이야기에 토대를 두고 우리가 명백하게 생각하는 것에 대해 의문을 던지며 철학적 문제를 제기하는 것이다"라고 밝히고 있듯이 경기의 장면 장면을 통해 철학적 명제를 하나하나 짚어 보고 있다. 그러면서도 이 책은 축구에 대한 단순한 철학적 해석을 넘어 스포츠로서의 축구를 보고 읽는 즐거움도 준다. 그만큼 저자의 축구에 대한 이해와 분석의 수준은

넓고 깊다. 저자가 '소크라테스 풋볼 클럽'의 창립 멤버이자 대표라는 사실을 언급하지 않더라도 말이다. (http:// socratesfc.footeo.com)

이 책의 원제목은 《축구화를 신은 소크라테스Socrate en crampons》이다. 소크라테스가 그리스 철학자의 이름인 것은 분명하지만 축구에 관심이 많은 독자라면 누구나 브라질 대표팀 선수이자 주장이었던 축구 선수 소크라테스를 떠올릴 것이다. 물론 그의 이름은 이 선수의 아버지가 그리스 철학자 소크라테스를 존경해서 붙여준 것이며, 선수 역시 그리스 철학자처럼 턱수염을 길게 기르고 그라운드를 누볐다. 말하자면 이 책은 제목에서부터 축구와 철학이 한데 어울려 경기 내내 축구장을 종횡무진 뛰어다닌다. 이 책에서 축구 경기를 감상하든 철학을 읽든 그것은 독자의 자유겠지만 독자의 이해를 돕기 위해 저자가 각 장별로 다루고 있는 경기 내용과 그 경기 장면을 통해 분석하고 있는 철학적 명제를 일목요연하게 정리해 보는 것도 좋을 것이다.

우리의 기억에 2006년 독일 월드컵 당시 프랑스의 우승을 점치는 전문가들은 그리 많지 않았다. 물론 프랑스가 1998년 자국에서 열린 월드컵과 유로 2000의 우승팀이었고 지네딘 지단과 티에리 앙리라는 최고의 선수가 건재한 것도 사실이었다. 그럼에도 프랑스는 2002년 한일 월드컵에서 예선 탈락하여 16강에도 오르지 못했고, 독일 월드컵 예선전에서도 한국과 비기는 등, 예선 성적 1승 2무로 간신히 조별 예선을 통과하였다. 반면에 이탈리아는 예선전부터 승승장구하여 결승까지 큰 어려움 없이 올라왔다. 많은 전문가들은 프랑스 팀이 예상을 뛰어넘어 결승전까지 온 것은 34세의 노장 지단의 힘이 컸다고 밖에 볼 수 없다

축구 경기의 상황과 관련된 선수

	장	관련 선수 혹은 상황	관련 내용	경기 경과 시간
축구	1	관중과 경기장	축구 경기장의 개인과 사회	경기 시작 전
	2	말루다, 마테라치	마테라치의 페널티킥 반칙에 대한 의견 차이	전반 6분
	3	지네딘 지단	지단이 파넨카처럼 차 넣은 페널티킥	전반 7분
	4	사뇰, 마켈렐레	선수들의 몸싸움과 반칙	전반 13분
	5	마테라치	마테라치의 동점골과 골이 불러일으킨 기쁨	전반 19분
	6	앙리	지루한 공방전 : 축구는 놀이인가? 노동인가?	전반 32분
	7	아비달	아비달의 경기에 대한 지나친 집중과 정신적 혼란	전반 40분
	8	관중	하프타임 중 이루어진 관중들의 경기에 대한 논쟁과 평가	하프타임
	9	앙리	축구 선수의 뛰어난 플레이와 활동을 예술로 볼 수 있는가?	후반 1분
	10	토니, 데 로시, 바르테즈	토니의 골과 오프사이드 논쟁	후반 18분
	11	두 팀의 공방전	쫓는 자와 쫓기는 자의 상반된 시간 인식	후반 35분
	12	지단, 마테라치, 심판	지단의 박치기 사건과 심판 판정의 정당성	연장 후반 2분
	13	지단, 마테라치, 심판	박치기 사건에 대한 판단 : 정의란 무엇인가?	연장 후반 2분
	14	양 팀 선수들	축구에 나타난 종교적 태도와 성향	승부차기
	15	축구장의 권력자들	권력자들은 축구라는 스포츠를 어떻게 도구화하는가?	경기 종료

축구와 관련된 철학적 명제

	장	관련 철학자	관련된 철학적 명제	참고문헌
철학	1	임마누엘 칸트	축구에 나타난 사회와 정치	《세계시민적 관점에서 보편사의 이념》
	2	가스통 바슐라르	사람의 인식 능력	《과학적 정신의 형성》
	3	르네 데카르트	자유란 무엇인가?	《엘리자베스와의 서신과 또 다른 편지들》
	4	게오르크 헤겔	타인	《철학적 예비과정》
	5	바뤼흐 스피노자	욕망이란 무엇인가?	《에티카》
	6	칼 마르크스	노동이란 무엇인가?	《자본》
	7	장 폴 사르트르	의식과 주체의 관계	《실존주의는 휴머니즘이다》
	8	메를로 퐁티	언어란 무엇인가?	《간접적 언어와 침묵의 목소리》
	9	임마누엘 칸트	예술이란 무엇인가?	《판단력비판》
	10	임마누엘 칸트	진실이란 무엇인가?	《순수이성비판》
	11	성 아우구스티누스	시간은 우리에게 무엇인가?	《시간과 기억》
	12	장 자크 루소	정의와 법	《사회계약론》
	13	플라톤	도덕과 의무	《공화국》
	14	프리드리히 니체	종교	《즐거운 지식》
	15	블레즈 파스칼	권력	《귀족의 조건에 관한 세 가지 서설》

는 평을 했다. 그도 그럴 것이 지단은 16강 스페인 전과 4강 포르투갈 전에서 골을 넣어 팀을 결승에 오르게 했다. 하지만 우리가 2006독일 월드컵에서 기억하는 두 가지 장면은 이탈리아의 네 번째 우승과 지단의 박치기 사건 이후 그의 쓸쓸한 퇴장이다. 저자 역시 이 책에서 경기 시작 직후 지단의 첫 번째 골과 연장 후반전 마테라치와의 다툼을 중요한 사건으로 다루고 있다.

사건의 시작은 이탈리아 선수 마테라치로부터 비롯되었다. 마테라치는 골대를 향해 뛰어오는 말루다를 방어하다 접촉이 일어났고, 그 지역은 페널티 구역이었기 때문에 심판은 페널티킥을 선언한다. 마테라치가 실제로 페널티킥을 허용할 만한 반칙을 범했는가의 문제는 2장 '인식 능력' 을 통해서도 깊이 있게 다루어진다. 저자는 우리의 지각과 판단력을 비롯하여 비디오 판독에 이르기까지 "모든 관점들을 포함하는 관점인 완벽한 이미지는 논리적으로 불가능하다"라는 결론을 내리고 있다. 즉 축구장에서 일어나는 모든 상황에 대한 관중들의 판단은 저마다의 주관이나 이익에 따라 달라질 수밖에 없기 때문에 절대적으로 객관적이고 완전무결한 시각이나 관점은 애초에 불가능하다는 것이다. 또한 12장에서 말하고 있듯이 심판은 "중재를 하고 그 수단을 통해서 독단을 극복하는" 사람이며, "자신이 내린 결정이 잘못되었음이 밝혀졌을 때도 옳은 것이다." 언뜻 보면 저자는 프랑스 팀에 유리한 해석을 하고 있는 듯 보이지만 이 같은 판단은 지단의 박치기 사건과 퇴장에 대해서도 동일하게 적용된다. 페널티킥의 주인공은 물론 지단이었다. 주지하다시피 페널티킥은 승부차기 상황을 연상하게 만든다. 즉 공을 차는 선수가 정확하고 강한 슛을 날린다면 골키퍼가 공을 막는 것은 거의 불가능하기 때문에 골키퍼는 공의 방향을 예측해야 하며 그 주도권을 쥐고 있는 사람은 공을 차는 선수이다. 우리는 골이 들어간 다음 혹은 골키퍼에게 막히거나 골대 밖으로 벗어난 다음 '후견지명 효과'를 통해 많은 푸념을 늘어놓은 경험이 있을 것이다. "그러니까 오른쪽으로 몸을 날렸어야지", "그 자리에 그냥 서 있기만 했어도 공을 막았을 텐데……" 등의 의미 없는 결과론 말이다.

돌이켜보면 지단의 페널티킥은 독특하면서도 대담했고 또한 무모했다. 지단은 공을 향해 뛰어가다가 공을 차기 직전에 속도를 늦추더니 공 아래로 발을 툭 밀어 넣었고, 공은 이미 방향을 예측해 한쪽으로 몸을 날린 부폰이 비워둔 골대로 들어갔다. 이 같은 페널티킥을 흔히 '칩샷'이라고 부른다. 영국 언론사 〈데일리 미러〉는 축구 역사상 최고로 대담하고 때로는 무모해 보이기까지 한 페널티킥 명장면 10선에 지단의 페널티킥을 꼽기도 했다. 축구에 상당히 조예가 있다 해도 지단의 골이 체코슬로바키아의 전설적인 축구 선수 안토닌 파넨카가 이미 1976년에 성공시킨 이른바 '파넨카식' 슛임을 아는 사람은 그리 많지 않을 것이다. 저자는 이 장면에서 파넨카식 킥이 자유의지에 따라 이루어졌는지 혹은 무동기 행위에서 비롯된 결과인지 묻고 있다. 결과적으로 파넨카는 물론 지단 역시 자신들의 시도가 가져올 성공적인 결과에 대한 충분한 확신이 있었기 때문에 겉으로 보기에 무모해 보이는 그런 슛을 시도한 것이다. 그들은, 예를 들자면 페널티킥과 같은 불가피한 순간이 올 경우 자신들이 어떤 행동을 해야 할지 마음속에 이미 결단을 내려놓은 상태였다. 그리고 저마다의 매뉴얼에 따라 한 치의 망설임도 없이 계획된 행동과 동작을 행한 것이다. 페널티킥을 차는 선수의 망설임은 자신의 의도를 상대 골키퍼에게 노출시키는 결과를 가져오고 이는 곧 골의 실패로 이어진다는 사실을 우리는 익히 잘 알고 있다. 저자가 언급하고 있는 데카르트의 "자유의 가장 높은 단계는 최상의 이성으로, 자신을 규정하는 우리의 능력에 혹은 자신의 목적에 확실성이 없을 때는 자신의 선택에 대해 단호한 채로 있는 우리의 능력에 토대를 두고 있다"는 말과 마찬가지로, 그들은 스스로의 결단과 원칙에 따라 무모해 보이지만 최고로 대담한 슛을 날린 것이다.

드디어 운명의 시간이 다가왔다. 두 팀은 정규 시간 동안 승부를 가리지 못했고 연장 후반전이 막 시작되었다. 그리고 모두가 이해하기 힘든 상황이 일어났다. 마테라치가 경기장 한복판에 쓰러져 있고 그 옆에 지단이 서 있었다. 결과적으로 심판은 지단의 마테라치에 대한 가격을 인정하고 그에게 퇴장 명령을 내렸다. 어찌 보면 당연한 결과이고 이것이 우리도 익히 알고 있는 지단 박치기 사건의 전말이다. 하지만 문제는 그리 단순하지 않다. 지단이 마테라치를 가격한 장면을 본 사람은 경기장에 있던 세 명의 심판을 비롯해 경기장 밖의 대기심에 이르기까지 아무도 없었다. 그렇다면 누가 그 장면을 목격하였는가? 그 장면을 목격한 것은 경기장에 있던 카메라들 중 하나였다. 그 누구도 축구 경기에서 비디오 판독을 내렸다는 말은 들어본 적이 없을 것이다. 이 책의 저자도 지적하고 있지만 심판은 비디오 판독의 결과로 지단을 퇴장시킨 것이기 때문에 이 같은 판정은 원천적으로 무효이다. 물론 저자에게는 지단의 행위를 옹호하거나 프랑스 팀의 억울한 패배를 아쉬워하려는 의도는 없어 보인다. 저자가 이 장면에서 문제 삼고 있는 가치는 이른바 "정의란 무엇인가?"라는 질문이다. 축구는 흔히 페어플레이를 강조하는 스포츠이면서도 심판의 시선이 닿지 않는 사각 지대에서는 선수들 간에 온갖 부정한 행위가 벌어진다. 상대방의 유니폼을 잡아당기고 팔꿈치로 가격하며 심지어는 얼굴에 침을 뱉는 행위까지 일어난다. 물론 심판에게 들키면 파울이고 들키지 않으면 아무 일도 아니다. 마치 우리가 과속 측정 카메라 앞에서만 자동차의 속도를 늦추듯이 말이다. 저자는 지단의 박치기 사건 역시 행위 자체가 정당한 것인지 혹은 잘못된 것인지를 두고 판단해야지, 비디오 판독의 위법성이나 지단의 성숙하지 못한 플레이가 불러일으킨 패배를 아쉬워해서는 안 된다고 말한다.

오랜 기간 베스트셀러에 오른 책《정의란 무엇인가?》에서 마이클 샌델은 정의를 상황논리나 최대다수의 최대행복이라는 공리주의적인 관점으로 판단해서는 안 된다고 말한다. 이 책의 저자가 플라톤의《국가》에 나오는 기게스의 반지를 인용한 것도 정의의 문제에 대해 말하기 위해서였다. 즉 정의는 타협할 수 있는 것이 아니며 "원칙은 무조건적으로 존중되어야 한다"는 것이다. 이와 같은 가치는 플라톤의 대화편 중 하나인《크리톤》편에서 소크라테스가 언급한, "부당한 일에 대해 부당하게 대하는 것은 옳지 못하며, 불의는 언제나 옳지 못하다"는 생각을 드러내는 것이기도 하다. 또한 임마누엘 칸트가《도덕 형이상학 기초》에서 비판한, 거짓말은 예외 없이 나쁜 것이라는 생각과도 맞닿아 있다. 지단의 행위도 마찬가지이다. 지단은 위대한 선수이기 때문에 순간의 실수쯤은 용서받아야 한다든지 누구나 가족이 모욕당하게 되면 그와 마찬가지로 행동했을 것이라든지 등의 말로써 그의 잘못을 정당화할 수는 없다는 것이다.

이 책의 미덕은 축구 경기가 진행되는 120분 전후의 시간에 초점을 맞추어 현장에서 일어나는 상황 하나하나를 집어낸 데 있다. 특히 많은 사람들의 주목을 끌었던 축구 경기를 다루고 있다는 점에서 우리에게 익숙한 기억을 불러일으키고 그 사건을 제한된 시간 속에서 다루고 있다는 점에서 긴장감을 갖게 한다. 저자가 말하고 있듯이 이 책의 목적은 "철학에 관한 장황한 학설을 설명하려는 것이 아니라" 축구 경기 중에서 혹은 생활 속에서 일어난 행동과 사건의 의미를 좀 더 깊이 있게 묻고 생각해 보려는 것이다. 사실 생활 속에서 철학을 끌어낸다기보다 철학 자체가 이미 삶 속에 내재하고 있었다고 보는 편이 좋을 것이다.

이 책은 마티아스 루의 《축구화를 신은 소크라테스》(플라마리옹 출판사, 2010)를 완역한 것이다. 좋은 책을 읽을 기회를 준 함께읽는책과 함소연 씨에게 감사한다.

2011년 5월

박아르마

참고문헌

제1장 사회 + 정치, 그 모든 것 = 축구

임마누엘 칸트, 《세계시민적 관점에서 보편사의 이념Idee d'une histoire universelle au point de vue cosmopolitique》, 갈리마르 출판사, 2009.

제2장 인식 능력

가스통 바슐라르, 《과학적 정신의 형성La Formation de l'esprit scientifique》, 브렝 출판사, 1998.

제3장 자유

르네 데카르트, 《엘리자베스와의 서신과 또 다른 편지들Correspondance avec Elisabeth et autres lettres》, 플라마리옹 출판사, 1989.

제4장 타인

게오르크 헤겔, 《철학적 예비과정Propédeutique philosophique》(29~39), 미뉘 출판사, 1997.

제5장 욕망

바뤼흐 스피노자, 《에티카Ethtique》 3권, 플라마리옹 출판사, 2006.

제6장 노동

칼 마르크스, 《자본Le Capital》 1권, 샹플라마리옹 출판사, 2009.

제7장 의식과 주체

장 폴 사르트르, 《실존주의는 휴머니즘이다L'existentialisme est un humanisme》, 갈리마르 출판사, 1996.

제8장 언어

메를로 퐁티, 《간접적 언어와 침묵의 목소리Le langage indirect et les voix du silence》, 갈리마르 출판사, 1951.

제9장 예술
임마누엘 칸트, 《판단력비판Critique de la faculté de juger》 '아름다움에 대한 분석', 플라마리옹 출판사, 2008.

제10장 진실
임마누엘 칸트, 《순수이성비판Critique de la raison pure》 제2판 서문, 나단 출판사, 2009.

제11장 시간
성 아우구스티누스, 《시간과 기억La mémoire et le Temps》 (《고백록Confessions》 10권, 11권), 밀에윈뉘 출판사, 2004.

제12장 정의와 법
장 자크 루소, 《사회계약론Du contrat social》, 플라마리옹 출판사, 2001.

제13장 도덕과 의무
플라톤, 《공화국La République》, 플라마리옹 출판사, 2002.

제14장 종교
프리드리히 니체, 《즐거운 지식Le Gai savoir》, 플라마리옹 출판사, 2007.

제15장 권력
블레즈 파스칼, 《귀족의 조건에 관한 세 가지 서설Trois discours sur la condition des grands》, 밀에윈뉘 출판사, 2009.

■ 축구 관련 저작과 잡지
에두아르도 갈레아노, 《축구, 빛과 그림자Le Football, ombre et lumière》, 클리마 출판사, 1997.
J.-C. 미세아, 《지식인들, 민중 그리고 둥근 공Intellectuels, le peuple et le ballon rond》 신판, 클리마 출판사, 2010.
〈소 풋 So Foot〉, '50가지 전설', 특별호, 2010 겨울.
〈카이에 뒤 풋볼Les Cahiers du football〉, http://www.cahiersdufootball.net/

옮긴이 박아르마

서울대학교 대학원에서 프랑스 현대문학을 전공하여 박사 학위를 받았다. 지금은 건양대학교에 재직하면서 글쓰기와 토론 강의를 하고 있다. 지은 책으로 《글쓰기란 무엇인가》 (여름언덕), 《투르니에 소설의 사실과 신화》 (한국학술정보)가 있고, 번역한 책으로 《로빈슨》, 《유다》, 《살로메》 (이상 이룸), 《노트르담 드 파리》 (다빈치기프트), 《춤추는 휠체어》, 《까미유의 동물 블로그》 (이상 한울림), 《에드몽 아부의 오리엔트 특급》 (그린비) 등이 있다.

축구화를 신은 소크라테스

초판 1쇄 발행 2011년 7월 4일
초판 2쇄 발행 2012년 1월 25일

지은이 마티아스 루
옮긴이 박아르마
펴낸이 양소연

기획편집 함소연 진숙현 디자인 하주연 이지선 김윤희
마케팅 이광택 관리 유승호 김성은 웹서비스 이지은 이동민 웹마케팅 양채연

펴낸곳 함께읽는책 등록번호 제25100-2001-000043호 등록일자 2001년 11월 14일

주소 서울시 금천구 가산동 60-3 대륭포스트타워 5차 1104호
대표전화 02-2103-2480 팩스 02-2624-4240 홈페이지 www.cobook.co.kr
ISBN 978-89-90369-91-8 (04100)
978-89-90369-74-1 (set)

함께읽는책 은 도서출판 나눔의 집 의 임프린트입니다.